Lebst du noch nicht dein Traum-Leben und bist nicht so erfolgreich, wie du es eigentlich sein möchtest?

Dann ist dieses Buch für dich. Es hilft dir, deine Werte, Visionen und Ziele herauszufinden, zu definieren und gezielt zu erreichen. Du wirst mehr Freude im Leben haben und glücklicher sein. Dies steigert dein Energie-Level, den Durchhaltewillen und deine Effizienz. Denn diese Eigenschaften brauchst du, um erfolgreich zu sein.

Wirklicher und nachhaltiger Erfolg kann sich nur einstellen, wenn du glücklich bist und Dinge verfolgst, die dir Spass machen. Wenn du Erfolg nur durch Geld definierst, aber Beschäftigungen nachgehst, die dir keinen Spass machen, und dich in einem Umfeld bewegst, dass dich nicht inspiriert, wirst du irgendwann einen hohen Preis dafür zahlen.

Es wird der Punkt in deinem Leben kommen, an dem du alles hinterfragst, du in ein Burn-out rutschst oder dir Vorwürfe machst, wieso du deine wertvolle Lebenszeit mit Dingen vergeudet hast, die dich nicht glücklich gemacht haben.

Dieses Buch soll dir helfen, «echten» Erfolg zu haben. Bist du glücklich, motiviert und von unterstützenden Menschen umgeben, wird auch das Geld nicht auf sich warten lassen. Ausserdem macht das Leben einfach mehr Spass!

Auf den folgenden Seiten wirst du herausfinden, was dein «Warum» ist und «wie» du es erreichen kannst. Und zwar so, dass du genug Einkommen generierst, um dein erträumtes Leben zu verwirklichen.

Ich zeige dir verschiedene Methoden, mit denen du dich selbst besser kennenlernst und möglichst effizient deine Ziele verfolgen kannst.

Danke ...

... dir, dass du bereit bist, die folgenden Seiten durchzuarbeiten und auch wirklich umzusetzen. Ohne übertreiben zu wollen: Dieses Buch kann dein Leben grundlegend verändern, wird es aber nicht automatisch. Es liegt ganz alleine bei dir!

... an alle Persönlichkeiten, die ihre Expertise in verschiedensten Themengebieten der Welt (und mir) zugänglich gemacht haben.

... für das Internet, welches das Wissen der Menschheit besser zugänglich macht als jedes Medium zuvor.

... für die Unterstützung meiner Familie, speziell meiner Frau Jessica, die mir immer den Rücken freihält und mich in schwierigeren Zeiten wieder aufbaut. Und natürlich meinen Kindern Amyra und Joah, dass ihr mir eure Lebensperspektive immer wieder vor Augen führt. Schön, dass wir eine Familie sind!

Erfolg beginnt mit deinem Warum

In 8 Schritten zum Leben, das du dir erträumst.

von Christian Grundlehner

© 2020 Christian Grundlehner
1. Auflage

Autor: Christian Grundlehner
Verlag und Druck: tredition GmbH, Halenreie 42, 22359 Hamburg

ISBN:
978-3-347-03940-7 (Paperback)
978-3-347-03941-4 (Hardcover)
978-3-347-03942-1 (e-Book)

Das Werk, einschließlich seiner Teile, ist urheberrechtlich geschützt. Jede Verwertung ist ohne Zustimmung des Verlages und des Autors unzulässig. Dies gilt insbesondere für die elektronische oder sonstige Vervielfältigung, Übersetzung, Verbreitung und öffentliche Zugänglichmachung.

Bibliografische Information der Deutschen Nationalbibliothek:
Die Deutsche Nationalbibliothek verzeichnet diese Publikation in der Deutschen Nationalbibliografie; detaillierte bibliografische Daten sind im Internet über http://dnb.d-nb.de abrufbar.

Inhalt

Gestalte dein Leben selbst! 1
Einführung 2
   Meine Geschichte 2
   Warum ich dir das erzählt habe 13
   Lass' uns loslegen! 15
8 Schritte zum Erfolg 16
Schritt 1: Woran viele scheitern 17
   Eigenverantwortung 18
   Du hast die Wahl 18
   Der Einfluss deiner Vergangenheit 20
      Lasse deine Vergangenheit hinter dir 22
      Vergeben ist der Start in dein neues Leben 22
   Was macht glücklich und gesund? 23
   Was macht das Leben aus? 25
   Du bist ein Macher, kein «Sollter»! 28
   5 Why-Methode 29
   Das Zentrum deines Lebens 33
      Was liebe ich? 35
      Worin bin ich gut? 35
      Was braucht die Welt? 40
      (Wie) werde ich dafür bezahlt? 42
      Finde heraus, was dich wirklich antreibt 46
Schritt 2: Finde deine Bestimmung 48
   Übung 1: Was in dir brannte (und immer noch brennt) 49
   Übung 2: Der Grund 54
   Übung 3: Gruppieren 55
   Übung 4: Klarheit 58
   Die 8 Lebensbereiche 63
      Soziales und Gesellschaft 63
      Persönlichkeit 63
      Hobbys und Freizeit 64
      Finanzen 64

Arbeit und Karriere 64
Gesundheit und Fitness 64
Beziehungen und Partnerschaft 65
Lebenssituation 65
Skizziere deine Zukunft 66
Finde deine Passion 70
10 Ideen für deine Leidenschaften 70
Deine Top 5 72
Deine Passion greifbar machen 75
Die Rede zu deinem 100. Geburtstag 82
Schritt 3: Die Vision Wirklichkeit werden lassen 86
Die Gesetze des Universums 89
Wie Gedanken funktionieren 93
Konditioniere dein Unterbewusstsein 94
Dein neues Leben visualisieren 96
Die innere Welt bestimmt die äussere Welt 97
Suche dir Idole 98
Deine Werte 99
Du willst immer das, was du nicht hast. 105
Das Gegenüber verstehen 107
Frage nach einer Lösung 109
Verlasse deine Komfortzone 111
Mach' dein Ding 113
Führe Tagebuch 115
Sei dankbar 116
Ängste 118
Die Angst überwinden 121
EFT Tapping 122
Erfolg in allen Lebensbereichen 126
Soziales und Gesellschaft 126
Persönlichkeit 127
Hobbys und Freizeit 127
Finanzen 128
Arbeit und Karriere 129

- Gesundheit und Fitness 130
- Beziehungen und Partnerschaft 134
- Lebenssituation 135
- Was du für den Erfolg brauchst 137
- Schritt 4: Ziele setzen 139
  - 3-Jahres-Ziele 141
  - 12-Monats-Planung 148
  - Der Aktionsplan 154
- Schritt 5: Fokus 155
  - Die Feinde des Fokus 157
    - Verkaufe deinen Fernseher 157
    - Konsumiere keine Tagesnachrichten 158
    - Fokussiere dich auf Dinge, die du magst 159
    - Optimaler Einsatz von Arbeitshilfen 165
    - Konzentration auf das Eine 167
    - Gute Ideen und Vergessenes 169
  - Störfaktoren reduzieren 170
    - Unvorhergesehene Anfragen oder Aufgaben 170
    - Telefonanrufe 170
    - Störungen «entfliehen» 170
    - Büro oder nicht Büro 173
    - Rückzugsorte in deinem Bürogebäude 173
    - Homeoffice 174
    - Coworking 174
    - Bibliotheken 175
    - Restaurants und Bars 175
  - Der Fremdsteuerung Herr werden 176
  - Missverständnisse 180
  - Eingeschränkter Fokus 181
  - Relevantes Wissen aufsaugen 182
- Schritt 6: Energie 183
  - Bewegung macht's 186
  - Aufstehen 187
  - Wecker ausser Reichweite 187

Aufwach-Lampe verwenden 188
Genug schlafen 188
Freue dich auf jeden Tag 188
Ein geeignetes Frühstück 189
Morgenstund' hat Gold im Mund 190
Der Nachmittag hat auch Gold im Mund 192
Energie durch Ausgeglichenheit 193
Physischer Zustand 194
Mentale Stärke 195
Emotionale Stabilität 195
Spiritualität 196
Was Energie mit Effizienz zu tun hat 196
Erhöhe deine Energie 199
Schritt 7: Der Faktor Zeit 200
   Effizienz und Effektivität 201
   Gewohnheiten 204
   Bewusstsein und Akzeptanz 208
   Routinen ändern die Gewohnheit 209
   Wie du Rückschritte vermeidest 214
   Zeitfresser 216
   Zeitfresser eliminieren 216
      Praxis-Tipps 219
   Multitasking 221
   Zeitver(sch)wendung 222
   Gespräche beenden, die sich im Kreis drehen. 223
   Kürzere Meetings 225
   Das Pareto-Prinzip 227
   Die ideale Woche 231
   Zeitplanung 232
      Grobplanung 234
      Wochenplanung 235
      Plane deinen nächsten Tag 236
      Plane dein Privatleben wie die Geschäftstermine 237
      Die häufigsten Fehler bei der Zeitplanung 237

- Beispiel eines Tagesplans 239
- Richtig Priorisieren 242
  - Das Eisenhower-Prinzip 245
- Die «Rück-Delegation» 247
- Eat that Frog 247
- Getting Things Done 248
  - Erfasse alle Einfälle! 248
  - Sortieren 249
  - Plan or Do 249
  - Kategorisieren 251
  - Inbox Reset 252
  - Aufgaben prüfen 252
  - Die Idee der 43 Fächer 253
  - Physische Ablage 258
  - Digitale Ablage 258
  - Kalender synchronisieren 259
  - Zusammenfassung 259
- Der Erfolgs-Planer 260
- Schritt 8: Kreiere dein Erfolgs-System 261
  - Deine nächsten Schritte 263
- Herzlichen Glückwunsch! 265

«Du wirst den Rest deines Lebens in deiner Zukunft verbringen. Deshalb gestalte dein Leben so, dass du dich auf die Zukunft freust.

Änderst du nichts an deinem Leben, wird deine Gegenwart die Zukunft sein.»

Christian Grundlehner

Hinweis

Sämtliche Formulierungen sind als Geschlechtsneutral anzusehen. Ich verzichte aus Gründen der Lesbarkeit auf durchgängige «Gender-Konformität». Danke für das Verständnis.

Ausserdem sind einige Methoden und Ansätze, speziell im zweiten Teil des Buchs, vor allem im beruflichen Umfeld interessant. Die meisten Ideen lassen sich aber auch auf das private Umfeld um nutzen.

Quellenangaben und Ressourcen

Da sich viele Quellen-Angaben, speziell digitale, immer wieder ändern, gehe ich in diesem Buch sparsam damit um. Vielmehr möchte ich diese aktuell halten. Deshalb ist eine Übersicht mit Quellen und Ressourcen die in diesem Buch eingeflossen sind, unter **www.deinwarum.com** abrufbar.

Bei spezifisch erwähnten Büchern findest du die Quelle in der entsprechenden Fussnote.

Gestalte dein Leben selbst!

Denkst du, du kannst nicht erfolgreich sein?

Denkst du, du hast es nicht verdient, erfolgreich zu sein?

Glaubst du, Erfolg ist Glück?

Lässt du dir dein Leben von anderen vorgeben, oder nimmst du es selbst in die Hand?

Solche Fragen und Gedanken hat fast jeder. Leider. Sie werden uns über die Jahre durch unser Umfeld ins Unterbewusstsein «eingepflanzt». Nicht böswillig und unbewusst. Es sind limitierende Glaubenssätze, die wir tief in uns tragen.

Die Erkenntnisse von führenden Persönlichkeiten und Wissenschaftlern in diesem Gebiet gehen alle in dieselbe Stossrichtung:

- Ein «glücklicher Zufall» ist das Ergebnis von Vorbereitung und dem richtigen Fokus.
- Glücklich sein ist kein Endzustand, sondern ein Prozess, respektive eine Lebenseinstellung.
- Ab einem bestimmten Level macht mehr Geld nicht glücklicher.
- Erfolg hat nichts mit der Schulbildung zu tun!

Nimm also dein Leben in deine eigene Hand und lebe das Leben, das du dir bislang nur erträumt hast!

Einführung

Meine Geschichte

In der Zeit, zu der ich an diesem Buch arbeite, bin ich Mitte dreissig, verheiratet mit der besten Frau, die ich mir vorstellen kann, und Vater von zwei Kindern im Vorschulalter. Ich bin glücklich. Meistens. Aber manchmal habe ich wahrscheinlich zu viel Zeit, um nachzudenken. Darüber, was meine Bestimmung im Universum ist und welchen Fussabdruck ich hinterlassen soll.

Auf der Suche nach Antworten fand ich unzählige Methoden, die mich dabei unterstützten, meine Bestimmung zu formulieren. Aus den besten Vorgehensweisen und Übungen wurde ein Prozess, den jeder durchlaufen kann. Da ich überzeugt bin, dass auch du mit diesen Übungen deinen persönlichen Zielen näher kommst, möchte ich meine Erfahrungen mit dir teilen. Dabei ist meine Hoffnung, dass sie auch dir helfen, deinem Leben den Schubs in die richtige Richtung zu geben.

Als Kind wusste ich genau, was ich werden will und was mich interessiert. Ich habe jede freie Minute am Computer gesessen. Das Internet steckte in den Kinderschuhen und war ein Spielplatz für Nerds wie mich.

Hartnäckig kämpfte ich mich durch Hindernisse, um meine Vision einer Karriere in der Informatik zu verfolgen und irgendwann IT-Leiter in einer grossen Firma zu sein. Ich war auf dem besten Weg, mein

Ziel zu erreichen, als über die Jahre diese konkrete Stimme immer leiser wurde und ich nicht mehr wusste, in welche Richtung ich mein Leben steuern soll.

Ich hatte alle meine bisherigen Ziele erreicht und hätte in meiner beruflichen Karriere den nächsten Schritt gehen können.

Wir hatten alles, was man sich so vorstellt. Gute Jobs, ein neues, bar bezahltes Auto, ein schönes Häuschen, eine gute Rentenversicherung und ein Segelschiff, mit dem wir schöne Stunden auf dem Bodensee verbrachten.

Doch als Mann Ende zwanzig, der vor Kurzem Papa geworden war und dem gleich mehrere Bekannte weit vor dem Erreichen des Rentenalters durch Herzinfarkte oder Unfälle ums Leben gekommen waren, stellte sich mir die Sinnfrage des Lebens.

Wieso bin ich hier? Was ist meine Aufgabe in unserem Universum? Was kann ich tun, um ein guter (oder besser: der beste) Papa zu sein?

Glücklicherweise ist meine Frau Jessica für jede noch so verrückte Idee zu haben. Deshalb liebe ich sie und habe sie wohl auch geheiratet. Wer sonst verbringt seine Flitterwochen im kalten und regnerischen Herbst in Hamburg.

So machte ich ihr eines Tages den Vorschlag, herauszufinden, was die Welt sonst noch zu bieten hat. Ausserhalb unseres kleinen Häuschens in der kleinen Schweiz. Was gibt es da draussen, in der weiten Welt, sonst noch?

Natürlich waren wir immer wieder im Urlaub im Ausland. Aber wenn du zwei oder vielleicht drei Wochen irgendwo hin in die Ferien fährst, erlebst du das Land als Tourist und verpasst die wirklich spannenden Dinge. Du hast keine Zeit, dich auf das Land und die Leute einzulassen. Dein Flieger steht bereits wieder bereit für den Flug in deinen Alltag.

So entstand der Plan, unser bisheriges Leben aufzugeben und einen Neustart zu wagen. Mit möglichst wenigen Verpflichtungen und ohne Altlasten, die uns in unserem neuen Leben beeinflussen.

Gesagt, getan. Unser Wunsch, einmal mit dem Segelschiff die Welt zu entdecken, sollte Realität werden. Wir haben kurz die wichtigsten Punkte überschlagen und dann guten Mutes unsere Jobs und die Wohnung gekündigt, unseren Hausrat verkauft und den Rest entsorgt. Von der Entscheidung bis zum Start unseres Abenteuers vergingen etwas mehr als 12 Monate. In dieser Zeit haben wir alles organisiert und unser Schiff hochseetauglich ausgerüstet.

Unsere Familien waren nicht begeistert. Hatten wir doch unsere kleine Tochter dabei, das erste Grosskind in der Familie. Es war aber unser Leben und ein Herzenswunsch. Wir haben uns nicht hereinreden lassen und endlich unser Leben gelebt.

Offenbar hat unser Vorhaben interessiert. Denn nach einem Zeitungsinterview kam eine Anfrage des Schweizer Fernsehens. Wenn schon die Komfortzone verlassen, dann richtig. Wir hatten keine Ahnung vom Fernsehen und Medienarbeit. Wir sagten uns: Wenn das öffentliche Interesse so gross zu sein scheint und unser Projekt zur besten Sendezeit im Fernsehen laufen soll, machen wir mit. Hoffentlich inspiriert unser Vorhaben und verleitet zur Nachahmung. Zumindest können wir Leute unterhalten, die einen solchen Schritt nicht gehen möchten. Für uns war das, was wir in Angriff genommen haben, nichts Spezielles. Es wandern ständig Familien aus oder reisen irgendwo auf dem Globus herum. Auf jeden Fall war es eine tolle Erfahrung, bei der wir viele spannende Leute kennengelernt und Freundschaften geschlossen haben. Wir werden auch Jahre später noch darauf angesprochen.

Unser Schiff haben wir so ausgelegt, dass wir überall hinkommen und über längere Zeit autark in unserem eigenen kleinen Kosmos leben konnten. Wir haben selbst Strom und Trinkwasser erzeugt und hätten mit einer Angel frisches Essen auf den Tisch zaubern können. Wir hatten eine selbstversorgende Luxuswohnung mit etwa 20 qm Nutzfläche. Unser Motto: Wir können alles, müssen aber nichts. Tun, was immer unsere Herzen sagen.

Wir starteten in der Ostsee und fuhren gemächlich Richtung Westen. Wir waren endlich frei. So frei es eben geht. Die Natur und das Wetter bestimmten nun unser Leben, nicht mehr der Stau auf der Autobahn.

Durch unseren konzentrierten Fokus auf dieses Projekt hat alles ganz gut funktioniert und Probleme wurden zu Lösungen. Doch wir merkten, wo wir Menschen uns unterzuordnen haben. Wir erwischten einen wirklich wechselhaften und kalten Sommer. Es regnete und windete viel. Wind soll ja für Segler gut sein. Aber nicht, wenn er aus der falschen Richtung kommt. So motorten wir mehr als erwartet.

Doch wir merkten mit jeder Woche, in der wir auf bessere Wetter- und Windverhältnisse warteten, wie schnell sich der Sommer wieder verabschiedet. Und irgendwann schliesst sich das Wetterfenster, in dem die konstanten Winde von Kontinentaleuropa über den Atlantik Richtung Westen blasen.

Wollten wir also nicht in Europa den Winter verbringen, sollten wir uns doch etwas beeilen. Wir stressten uns dadurch selbst. Aber Winter in Europa, auf diesem kleinen Schiff, war keine Option für uns.

So nutzten wir jede für uns halbwegs vertretbare Wetterlage, um Weg nach Süden gutzumachen. Ende Oktober lagen wir noch immer in einer Marina nahe Lissabon. Die Wetterlage war alles andere als optimal. Schlussendlich entschlossen wir uns, ein kleines Wetterfenster mit starken Winden von Gibraltar her zu nutzen und durchzustehen, um danach den direkten Kurs Richtung Kanarische Inseln zu setzen. Nach knapp zwei Tagen mit widrigen Bedingungen erreichten wir das Hochdruckgebiet westlich von Afrika. Wir waren (gefühlt) mitten auf dem Atlantik. Es herrschte blauer Himmel und das Meer war flach wie der Bodensee an einem schönen Sommertag. Keine Welle ist in Sicht, kein anderes Schiff. Dafür gab es auch keinen Wind. Wir motorten über den Atlantik. Natürlich wussten wir das bereits vorher und haben über 200 Liter Diesel gebunkert. Das reichte für mehrere Tage konstante Motorfahrt bis nach Lanzarote.

Nun hatten wir unser erstes Ziel erreicht. Denn hier liessen wir uns nicht mehr vom Wetter stressen. Die Nächte können auch auf den Kanaren kühl werden, aber es ist immer noch angenehmer als in Europa. Und wir haten eine kleine Heizung, für den Notfall.

So entschieden wir ziemlich schnell, dass eine direkte Weiterfahrt Richtung Karibik nicht infrage kommt. Wir freuten uns, dass wir uns (noch) mehr Zeit für uns zu nehmen und das milde Klima geniessen konnten.

Das war wahrer Luxus. Mehr Zeit für uns und unsere Gedanken zu haben. Zeit für Dinge, die wir zu Hause nicht hatten. Auf der Reise kamen wir bislang nicht dazu, weil wir mit Wetter, Reisen, Reparieren und dem alltäglichen Leben beschäftigt waren. Und als Segler mit knappem Budget ist es unter Umständen bereits eine Tagesaufgabe, einen Einkauf zu erledigen oder die Wäsche zu waschen.

Wir merkten, wie alltägliche Dinge in unserem alten Leben den Alltag enorm vereinfachen: eine automatische Waschmaschine, viel Platz in der Küche, ein Supermarkt um die Ecke, ein Auto das dich schnell überall hinbringt, eine fixe Postadresse, bei der Pakete pünktlich und meist am nächsten Tag an der Haustüre zugestellt werden.

Aber natürlich schätzten wir auch das neue Leben. Wir reisten mit Gleichgesinnten und fanden schnell neue Freunde. Die einen reisten parallel zu uns. Andere hatten andere Pläne und man verlor sich wieder aus den Augen. Wir machten Bekanntschaften mit vielen Menschen aus vielen verschiedenen Ländern und Kulturen. Wir entschieden spontan, was wir unternehmen und wo wir als Nächstes hinsegeln. Jeden Tag hatten wir neue Eindrücke von anderen Ländern, Sitten und Gebräuchen. Dies inspirierte uns. Wir bemerkten, wo es uns gefällt und wo nicht.

Dies war ein weiterer Grund für unsere Reise. Wir wollten herausfinden, ob es uns irgendwo anders besser gefällt, als in unserer Heimat. Ob es einen entfernten Ort gibt, an dem wir länger sein wollen und uns wohlfühlen. Das Problem: Es ist überall auf eine Art und Weise toll. Jedes Land beherbergt seine eigene Schönheit. Allerdings sahen wir auch auf unserer Reise die einzelnen Länder nur für wenige Wochen. Als Touristen. Wie es ist, länger dort zu Leben und wieder Teil eines (staatlichen) Systems zu sein, blieb uns verborgen. Wir hatten unser Haus immer dabei. Fern ab von unserem Heimatstaat, in dem wir ohnehin abgemeldet waren.

Schon am ersten Tag unserer Ankunft auf Lanzarote machten wir erste Bekanntschaften, die später zu Freundschaften werden sollten. Am Steg, dem wir zugewiesen wurden, wohnen Einheimische und Zugewanderte auf ihren Booten. Sie tun dies das ganze Jahr über und aus unterschiedlichen Gründen. Sie alle sind sehr herzlich und hilfsbereit und sprechen ausschliesslich spanisch. Wir aber nicht. Das spielt keine Rolle. Man versteht sich irgendwie dann doch. Und lacht, wenn es mit der Verständigung nicht ganz klappt.

Jessica und ich verbrachten, kurz nachdem wir zusammengekommen waren, in unserem ersten gemeinsamen Urlaub eine Woche auf Lanzarote. Die Insel ist klein und wir hatten damals schon fast alles gesehen, was es zu sehen gab. Es war für uns wie ein Nachhausekommen. Ein komisches Gefühl. Jahre danach und eigentlich zufällig, denn bei anderer Wetterlage wären wir nicht nach Lanzarote gekommen, sondern hätten eine Insel weiter westlich angesteuert.

Auf Lanzarote hatten wir fast immer gutes Wetter. Es regnet dort nur wenige Tage im Jahr. Die Marina und unser Schiff boten uns ein sicheres Zuhause. Restaurants waren nur ein paar Schritte entfernt. In wenigen Minuten Entfernung mieteten wir uns in einem Coworking Büro ein. Es lag direkt am Strand und hatte schnelles Internet. Die Supermärkte in der nahen Umgebung liefern die Einkäufe kostenlos bis zu unserem Schiff. Wir brauchen also auch für Grosseinkäufe nicht mal ein Auto.

Wir fühlten uns wohl hier und hatten keine Eile, wieder wegzukommen. Und da wir keinen Stress hatten und das tun wollten, wonach uns gerade war, blieben wir noch etwas. Bald merkten wir jedoch, dass einige Dinge für Touristen mühsam sind. Zum Beispiel haben wir es nicht fertiggebracht, ein Paket korrekt zu importieren, bevor es wieder zurückgeschickt wurde. Auch SIM-Karten für unsere Handys konnten wir nicht ganz ohne Weiteres kaufen. Wir registrierten schnell: Wir benötigen eine lokale Identifikationsnummer. Diese brauchst du immer, wenn du in Spanien irgendwas mit offiziellem Charakter machen möchtest, sogar für den Empfang eines Paketes. Jeder Spanier bekommt die bei seiner Geburt, aber als Ausländer musst du eine beantragen. Also haben wir das auch gemacht, denn ohne diese Nummer kannst du kein Auto kaufen, keine Verträge abschliessen und eigentlich auch kein Bankkonto eröffnen (wir haben es trotzdem geschafft).

Wir sind also tief in die spanische Bürokratie eingetaucht, ohne spanisch zu sprechen. Über den Weg zu unserer NIE (so heisst die Nummer) könnte ich ein eigenes Buch schreiben. Schlussendlich jedoch hat jeder von uns drei seine Nummer erhalten und wir sind quasi offiziell ausgewandert. Mit der Identifikationsnummer zusammen erhielten wir nämlich die «recidencia», den Niederlassungsausweis der kanarischen Inseln und damit viele Vorteile, wie extrem vergünstigte Preise für die öffentlichen Verkehrsmittel. Und dazu zählen auf den Kanaren nicht nur Busse, sondern auch Fähren und Flugzeuge, welche zwischen den Inseln und dem Festland pendeln.

Die Monate vergingen und wir hatten das Bedürfnis, einen Schritt weiterzugehen.

Mit unserer offiziellen Niederlassung konnten wir nun auch ein Auto kaufen, eine lokale Krankenkasse abschliessen und eine Wohnung mieten. Was wir dann auch getan haben.

Unser neues, unabhängiges Leben, gipfelte also in den Fängen eines anderen Systems. Aber wir haben das nicht als belastend, sondern eher als Abenteuer empfunden. Wir waren stolz, in welch kurzer Zeit wir ohne Hilfe und mit mangelnder Sprachkompetenz Dinge zustande brachten, für die andere Monate brauchten.

Unsere Tochter konnte bereits vor unserem Umzug vom Schiff in ein kleines Mietshaus in einen privaten Kindergarten gehen. Das führte uns natürlich zu weiteren Kontakten mit Einheimischen und Zugewanderten. Alle paar Wochen wurde gegenseitig zum Kindergeburtstag eingeladen und auch Beziehungen durch das Coworking haben uns bereichert.

Teilweise sind daraus Freundschaften entstanden, die noch heute digital oder persönlich gepflegt werden.

Wir hatten wirklich keinen Drang, von der Insel wegzukommen, und entschlossen uns bald, bestimmt für drei bis fünf Jahre zu bleiben. Unsere Tochter wurde gar mit drei Jahren eingeschult und besuchte die öffentliche Schule. Mama und Papa konnten ihren Projekten nachgehen.

Wir lebten unser Leben so, wie wir es gerade für richtig empfanden. Und was war mit unserem Schiff, dass alleine im Hafen stand? Ein weiteres Projekt, um persönlich zu wachsen und die Komfortzone zu verlassen. Jessica hat das Schiff erfolgreich als Gastgeberin via Airbnb vermietet, womit wir zumindest die Liegeplatzkosten decken konnten. Nach einer Weile durften wir unser Schiff in die guten Hände einer kleinen Familie übergeben, die nun ihren eigenen Traum damit lebt.

In dieser ganzen Zeit seit der Abfahrt in Kontinentaleuropa haben wir begonnen, uns intensiv mit Persönlichkeitsentwicklung, Gesundheit etc. zu beschäftigen. Zuvor waren wir gar nie auf die Idee gekommen, uns um unser Inneres zu kümmern. Zu sehr waren wir von Medien und Karriere abgelenkt. Jetzt hatten wir die Möglichkeit, dies zu ändern. Wir wuchsen aus uns heraus, denn wir mussten fast täglich unsere Komfortzone verlassen.

Gut ein Jahr nach unserer Ankunft, kurz vor der Verlängerung unseres Mietvertrags, kündigte die Vermieterin unsere Wohnung wegen Eigenbedarf. Die Wohnsituation auf Lanzarote war, gelinde gesagt, angespannt, denn überall schossen Airbnb-Wohnungen aus dem Boden. Das ist viel interessanter, als Einheimischen zu tiefen Preisen eine Dauermiete anzubieten. Wir haben uns also innert weniger Wochen entscheiden müssen, was wir machen, denn eine geeignete und bezahlbare Bleibe auf Lanzarote zu finden, war fast aussichtslos. Auch einige unserer Freunde sassen auf der Strasse, lebten im Auto oder verliessen die Insel. Unser Schiff hatten wir nicht mehr. Ausserdem kündigte sich weiterer Nachwuchs an. Auch wenn Babys überall gross werden und wir die Geburt auf Lanzarote bereits vorbereitet hatten, war ein stabiles Umfeld für die ersten Monate vor und nach der Niederkunft in unserem Sinne.

Nach der Prüfung unserer Optionen entschieden wir, in die Schweiz zurückzukehren. Zumindest vorläufig. Unter anderem ist dort die Wohnsituation noch um einiges entspannter.

Rein nach dem Motto: «Überlebst du in der Schweiz, überlebst du überall» (finanziell gesehen), möchten wir unseren geschäftlichen Erfolg forcieren. Dafür ist ein stabiles Umfeld viel wert, denn Umzüge und Auswanderungen kosten viel Zeit und Energie.

Warum ich dir das erzählt habe

Wir haben einen grossen Aufwand betrieben, um Tatsachen für uns festzustellen, die wir auch hätten erlesen können. Irgendwie mussten wir es selbst erfahren. Und das musst du vielleicht auch. Aber möglicherweise kann ich dir helfen, bestimmte Dinge in deinem Leben zu ändern, die dir momentan nicht gefallen. Hier einige wichtige Erkenntnisse aus den zwei Jahren, in denen wir unterwegs waren:

- Natürlich gab es, wie immer im Leben, Höhen und Tiefen. Aber es war unser Leben. Nicht das von jemand anderem. In einer Partnerschaft oder Familie schweissen dich solche Erlebnisse zusammen, oder du merkst, dass es doch nicht passt. Auch das kann eine wertvolle Erkenntnis sein.
- Lass dir nichts einreden. Es ist dein Leben, du musst damit klarkommen und das für dich Beste daraus machen. Niemand, auch nicht deine Eltern oder Freunde, können und sollen entscheiden, was du mit deinem Leben anstellst. Der Grat zwischen Rücksichtnahme und dem Hintanstellen seiner eigenen Wünsche ist schmal.
- Nur wenn du deine Komfortzone verlässt, Neues ausprobierst und dich auf Unbekanntes einlässt, kommst du weiter und wächst in deiner Persönlichkeit.
- Habe Verständnis für Leute, die dich schlecht machen. Die haben meist grössere Probleme als du. Durch unsere mediale

Präsenz und unseren YouTube-Kanal haben wir immer wieder Rückmeldungen und Kommentare erhalten, die teilweise unter der Gürtellinie waren. Neudeutsch würde man wohl «Hater-Kommentare» dazu sagen. Ich hoffe, den Urhebern ging es nach dem Schreiben ihrer Sätze besser und sie konnten ihre Unzufriedenheit damit therapieren. Uns haben diese Zeilen teilweise persönlich getroffen, wir lernten aber, damit umzugehen. «Hater» und Neider findest du immer. Besonders, wenn du etwas machst, was sich diese Leute nie getraut haben. Auch wurden wir öfters danach gefragt, wie wir uns fühlten, jetzt, wo unsere Weltumsegelung gescheitert sei. Wir haben uns stets über diese Aussage gewundert, denn eine Weltumsegelung war nie unser Ziel, höchstens eine von vielen Optionen. Wir wollten unser eigenes Leben und herausfinden, was wir mit uns und der Welt anfangen sollten. Und genau das haben wir getan. Pläne sind gut, aber du musst auch bereit sein, die Richtung zu wechseln, wenn es sich für dich richtig anfühlt. Ein Ziel durchzuhalten, nur um anderen gerecht zu werden, wird dich nicht erfüllen. Das Leben ist zu komplex und zu schnelllebig, als dass du langfristige, genaue Pläne auch umsetzen könntest. Flexibilität ist das Stichwort. Folge immer deinem Herzen, nicht einem fremden Herzen.

Wir haben alles Mögliche gemacht, was uns gerade eingefallen ist und uns interessiert hat, wobei unser Ziel war, herauszufinden, in welche Richtung unsere Zukunft gehen sollte.

Zum Beispiel habe ich mich intensiv mit Geld und passivem Einkommen beschäftigt. Dazu gehörten auch Investment- und Trading-Strategien. Danach habe ich begonnen, ein Geschäftsmodell mit Warenhandel zu testen. Ursprünglich angedacht war ein Verkauf über Amazon in Deutschland und den USA. Wegen der für mich einfacheren rechtlichen Grundlagen startete ich jedoch in der Schweiz. Ich habe von Lanzarote aus Produkte in China geordert und zu einem Logistikpartner in die Schweiz liefern lassen. Dieser hat Bestellungen erhalten und ausgeliefert. Dafür habe ich mich tiefgehend mit Onlinevermarktung auseinandersetzen müssen und eine meiner Passionen wiedergefunden, der ich bereits als Jugendlicher folgte: Webseiten, Webshops und nun Online-Marketing.

Lass' uns loslegen!

Nun möchte ich dich nicht länger mit meiner Vergangenheit aufhalten. Ich möchte dir helfen, dir über deine Wünsche klar zu werden, und dir aufzeigen, wie du aus Wunsch Realität werden lassen kannst.

Sei gewarnt: Dieses Buch ist gespickt mit Übungen, Methoden und Systemen, die du anwenden kannst. Ohne Aktivitäten deinerseits wird sich jedoch nichts ändern.

Dein Leben ändert sich nur, wenn du es änderst.

Viel Spass!

8 Schritte zum Erfolg

Teil 1: Woran viele scheitern
Was hält dich zurück, das Leben zu leben, das du dir wünschst? Wieso bist du nicht so glücklich, wie du es gern sein würdest?

Teil 2: Finde deine Bestimmung
Finde heraus, worin du gut bist, was du gern tust und was du wirklich willst.

Teil 3: Die Vision Wirklichkeit werden lassen
Jetzt weisst du, was du möchtest, was deine Passion ist und wie dein «perfektes Leben» aussieht. Doch wie kannst du das nun erreichen?

Teil 4: Ziele setzen
Definiere konkrete (Zwischen-)Ziele, um deine Vision in die Tat umzusetzen.

Teil 5: Fokus
Hier schauen wir uns an, wie du den Fokus behalten kannst, um deine Ziele nicht aus den Augen zu verlieren.

Teil 6: Energie
Ohne Energie wirst du es kaum schaffen, deine Ziele umzusetzen.

Teil 7: Der Faktor Zeit
Deine Tage haben genauso viele Minuten, wie die Tage jedes anderen Menschen. Hier schauen wir uns an, wie du diese Zeit am produktivsten nutzt.

Teil 8: Kreiere dein Erfolgs-System
Um erfolgreich deine Ziele zu erreichen und die Vision umzusetzen, benötigst du dein persönliches Erfolgs-System.

Schritt 1:
Woran viele scheitern

Was hält dich zurück, das Leben zu leben, das du dir wünschst?
Wieso bist du nicht so glücklich, wie du es gern sein würdest?

Eigenverantwortung

Das beste Leben, das du dir vorstellen kannst (oder ein noch besseres), beginnt bei dir. Du bestimmst, was in deinem Leben geschieht. Man nennt dies: «Eigenverantwortung».

Für sich und sein Leben selbst verantwortlich zu sein, ist eine mentale Herausforderung: «Ich kann doch nicht für alles, was mit mir und um mich herum geschieht, die Verantwortung übernehmen!».

Aus diesem Grund verstecken sich die meisten Menschen hinter Gesetzen, sozialen Regeln und geben allem anderen die Schuld, wenn sie nicht das bekommen, was sie wollen.

Ich bin zu jung, zu alt, zu unsportlich, zu wenig gebildet, habe zu wenig Geld, bin in der falschen Familie aufgewachsen und so weiter.

Eigenverantwortung zu übernehmen und nicht die Lösung oder Fehler bei anderen zu suchen, ist der erste Schritt zu deinem Wunsch-Leben.

Du hast die Wahl

Eines der wichtigsten Merkmale, das uns Menschen von Tieren unterscheidet, besteht darin, dass wir denken können und immer die Wahl haben. Wir sind frei in unseren Entscheidungen und haben immer eine Wahl.

Du hast diese Aussage bestimmt schon oft gehört und immer gedacht: «Das stimmt aber gar nicht. Ich werde dauernd fremdgesteuert und habe keine andere Möglichkeit!»

Das stimmt. Wir alle unterliegen Ereignissen, auf die wir keinen oder nur wenig Einfluss haben. Du kannst durch Fremdverschulden oder einfach nur durch Pech verletzt werden. Du verlierst, obwohl du gute Arbeit ablieferst, deinen Job. Oder du steckst im Stau fest und kommst zu spät zu einem wichtigen Termin.

Für alle diese Fälle kannst du nichts. Sie sind das Ergebnis aller Wechselwirkungen im Universum. Aber darum geht es hier nicht.

Tiere sind – so wie einst unsere frühen Vorfahren – hinsichtlich ihres Funktionierens und Tuns vorprogrammiert. In der Natur haben alle Lebewesen offensichtlich die Aufgabe, das Überleben der eigenen Spezies zu sichern. Ihr Leben besteht aus Überleben: Nahrung suchen und verarbeiten, sich erholen und sich fortpflanzen. Tiere können nicht frei entscheiden, was sie tun. Ihre Gene und ihr Umfeld, in dem sie gross werden, steuern ihr Verhalten. Eine Meeresschildkröte kann nicht entscheiden, die Welt zu entdecken und aus ihrem Leben auszubrechen. Sie pflanzt sich fort und kommt für das Eierlegen wieder an den Ort zurück, an dem sie selbst aus ihrem Ei geschlüpft ist.

Wir Menschen sind da anders. Wir können für jede Situation frei entscheiden, wie wir damit umgehen. Die Situation an sich können wir nicht ändern, aber unseren Umgang damit bestimmen.

Egal wie eingeschränkt unsere Situation gerade ist, solange wir denken können, können wir selbst entscheiden, wie wir mit der Situation umgehen und was wir daraus machen.

Du kannst dich also selbst bemitleiden, anderen (oder auch dir) die Schuld zuschieben und dich bis ans Lebensende schlecht fühlen. Oder du überlegst, wie du das Beste aus der Situation herausholen kannst und vielleicht sogar einen Weg hinaus findest.

Der Hauptgrund dafür, dass wir gerne anderen die Schuld geben und Selbstverantwortung zu leben anstrengend ist, liegt in unserer Vergangenheit.

Der Einfluss deiner Vergangenheit

Du bist das Produkt deiner Vergangenheit. Das ist logisch. Aber vielen ist nicht bewusst, was das bedeutet. Daher werde ich hier etwas ausführlicher:

Du bist das Ergebnis all der Einflüsse, Überzeugungen und Entscheidungen, die du in deiner Vergangenheit durchlebt hast. Und nicht nur das: Sogar die Einflüsse, Überzeugungen und Entscheidungen deiner Eltern und Grosseltern haben sich in deinem Leben manifestiert.

Du hast von ihnen bestimmte Geninformationen vererbt bekommen und bist in deren Umfeld hineingeboren.

Ich will damit nicht sagen, dass du nichts dafür kannst, wer du heute bist. Aber in vielerlei Hinsicht wurdest du «vorprogrammiert».

Kennst du die Weisheit, dass sich jeder den Partner sucht, der seinem entsprechenden Elternteil ähnlich ist?

Vielleicht denkst du jetzt: «So ein Quatsch!». Aber überlege genau. Gibt es allenfalls doch ähnliche Charakterzüge zwischen deinem Partner und deinem entsprechenden Elternteil?

Ich glaube, es ist in vielen Fällen etwas Wahrheit dabei. Wir ziehen Ähnliches an.

Es ist nämlich so: Du wirst zum Durchschnitt der fünf Menschen, mit denen du die meiste Zeit verbringst. Das gilt in jungen Jahren für die engere Familie. Später vielleicht eher für deinen Freundeskreis und deine Lehrer, dann für dein berufliches Umfeld.

Deshalb ist es so schwierig, aus einem bestehenden Leben auszubrechen. Bist du in eine Familie von Sozialhilfebezügern geboren, wohnst du mit hoher Wahrscheinlichkeit in einem Quartier ebensolcher und hast ebensolche Freunde. Umgekehrt gilt das genauso. Bist du in eine reiche Familie geboren, bist du von erfolgreichen und vermögenden Menschen umgeben und gehst auf eine gute Schule. Wie unterschiedlich die Tischgespräche, Werte und Überzeugungen zwischen diesen zwei Welten sind, kannst du dir bestimmt vorstellen.

Wenn du in deinem Leben nicht dort bist, wo du gerne wärst und das Gefühl hast, mithilfe des bestehenden Umfeldes kommst du nicht weiter, suche dir neue Bekanntschaften und Freunde.

Ganz wichtig: verbringe so wenig Zeit wie irgendwie möglich (am besten gar keine) mit «toxischen» Mitmenschen. Das sind diejenigen, die dich ständig herunterziehen, dir ein schlechtes Gewissen machen und nur das Schlechte im Leben sehen. Hast du welche in deinem engsten Umfeld, überlege dir ganz genau, wie du damit umgehen willst.

Es gibt im Übrigen einen Spruch, den ich mag:

«Erfolglose Menschen sprechen über andere Menschen. Erfolgreiche Menschen sprechen über Ideen und Lösungen.»

Lasse deine Vergangenheit hinter dir

Du darfst nun aber auch nicht deinen Eltern, Grosseltern oder Lehrern die Schuld geben, falls du mit deinem Leben nicht zufrieden bist. Eltern (und auch Lehrer) geben normalerweise unter Berücksichtigung der Situation, in der sie sich befinden, ihr Bestes für ihre Kinder.

Es liegt ab einem bestimmten Alter also ganz alleine an dir, Selbstverantwortung zu übernehmen und dein eigenes Leben zu definieren. Je früher, desto besser. Doch es ist nie zu spät!

Vergeben ist der Start in dein neues Leben

Solltest du wegen irgendwelchen Geschehnissen in der Vergangenheit einen Hass gegen deine Eltern, Geschwister oder andere Personen aus deinem Leben hegen, ist der erste Schritt, zu vergeben.

Tief verwurzelte, mentale Blockaden oder Verletzungen hindern dich daran, deine persönliche Entwicklung voranzutreiben.

Führe dir vor Augen, dass die Person zu dem Zeitpunkt nicht anders konnte und du nicht der ausschlaggebende Faktor gewesen bist. Bei jedem anderen Menschen hätte die Person genauso reagiert.

Oft ist es so, dass den Personen, von denen du verletzt wurdest, dies gar nicht bewusst ist.

Wenn du es irgendwie hinbekommst, das persönliche Gespräch mit der Person zu finden, ist dies das Beste, was dir passieren kann. In den meisten Fällen entsteht wechselseitig ein tieferes Verständnis für das Gegenüber und die Beziehung wird gestärkt.

Falls dieser Schritt zu weit ausserhalb deiner Komfortzone liegt, beginne mit einer sehr einfachen, aber wirkungsvollen Methode: Schreibe alle deine Gedanken und Gefühle nieder. Nimm ein Blatt Papier und beginne mit dem Satz: «[Name der Person], ich vergebe dir …». Beginne einfach und schreibe darauf los. Es liest sonst keiner diese Gedanken. Sobald dir nichts mehr einfällt und du dich besser fühlst, kannst du deine Blätter verbrennen, unter dein Kopfkissen legen, der Person zusenden oder damit tun, was immer für dich stimmt.

Nun bist du so weit. Lass uns loslegen und dein neues Leben gestalten.

Was macht glücklich und gesund?

In einer aussergewöhnlichen Studie der Harvard Universität wird seit 1939 erforscht, wie sich Menschen entwickeln und welche Einflüsse zu einem gesunden und glücklichen Leben führen. Seit mittlerweile 80 Jahren werden und wurden 724 Teenager und Männer jährlich zu ihrem Leben befragt, und nicht nur das. Es werden auch ihre Krankenakten analysiert und persönliche Interviews geführt. Mittlerweile sind viele der ursprünglichen Teilnehmer gestorben, die Studie wird aber noch immer von deren Kindern und Ehepartnern weitergeführt.

Robert Waldinger, der vierte Direktor dieser Studie, hat sein Zwischenfazit in einem TEDx-Vortrag vorgestellt.

Die ganzen Daten und Auswertungen lassen sich in einem Satz zusammenfassen:

«Good relationships keep us happier and healthier.»

«Gute Beziehungen halten uns glücklicher und gesünder.»

Das Pikante an den Forschungsergebnissen ist, dass Robert und sein Team Folgendes nachweisen konnten: Der physische Gesundheitszustand bei Männern mit 50 Jahren hatte keinen Einfluss auf den Gesundheitszustand derselben Personen mit 80 Jahren.

Nur die Beziehungssituation wirkte sich nachhaltig auf die Gesundheit aus.

So wurden gesunde Männer, die sich in instabilen und unbefriedigenden Beziehungen bewegten, also sich zum Beispiel einsam fühlten oder Probleme in der Partnerschaft hatten, vermehrt krank und wiesen physische sowie psychische Probleme auf.

Auf der anderen Seite lebten Männer, die bereits mit 50 eine chronische Krankheit hatten, aber in ein gutes Beziehungsnetzwerk eingebunden waren, viel länger und gesünder als erwartet.

Folgende drei Gesetze für Beziehungen haben Robert und sein Team aus ihren Forschungsergebnissen abgeleitet:

1. Soziale Kontakte sind gut für uns.
2. Es ist nicht wichtig, wie viele Freunde wir haben, die Qualität der Beziehung macht es aus.
3. Gute Beziehungen schützen unser Gehirn. Es bleibt länger gesund und aktiv.

Was machst du, um die besten Beziehungen zu pflegen, die du dir vorstellen kannst?

Verabschiede dich besser heute als morgen von negativen Lebensbegleitern und fokussiere dich auf qualitativ gute Kontakte in deinem Leben.

Was macht das Leben aus?

Was im Leben wirklich zählt, fragst du vorzugsweise jemanden, der auf dem Sterbebett liegt. Dank Krankenschwester Bronnie aus Australien[1] kennen wir alle nun die fünf wichtigsten Punkte, die

---

[1] 5 Dinge, die Sterbende am meisten bereuen. Bronnie Ware. ISBN 978-3442341290.

Menschen in ihren letzten Lebenswochen bereuen, oder lieber anders gehabt hätten.

Bronnie hat lange auf der Pflegestation eines Krankenhauses gearbeitet und Menschen in ihren letzten Wochen und Tagen begleitet. Ihre Erkenntnisse über das Leben hat sie im Buch «The Top Five Regrets of the Dying» zusammengetragen.

Folgende fünf Wünsche wurden mit Abstand am meisten genannt:

1. **Ich wünschte, ich hätte den Mut gehabt, mein wirklich eigenes Leben zu leben. Nicht ein Leben, dass andere von mir erwartet haben.**

2. **Ich wünschte, ich hätte nicht so viel gearbeitet.**

    Dieser Wunsch kam primär von Männern. Sie finden es schade, zu wenig Zeit für ihre Familie gehabt zu haben, um die Kinder aufwachsen zu sehen und Zeit mit der Partnerin zu verbringen.

3. **Ich wünschte, ich hätte den Mut gehabt, meine Gefühle zu zeigen und zu teilen.**

    Viele haben ihre Gefühle unterdrückt und ignoriert, und wurden oft psychisch wie physisch krank. Alle konnten aber nie zu dem werden, wozu sie eigentlich fähig gewesen wären.

4. Ich wünschte, ich wäre mit meinen Freunden in Kontakt geblieben.

Viele bedauern, nicht mehr Zeit mit ihren wichtigsten Freunden verbracht zu haben oder in Kontakt geblieben zu sein.

5. Ich wünschte, ich hätte es zugelassen, selbst glücklicher zu sein.

Viele realisierten bis zum Schluss ihres Lebens nicht, dass glücklich zu sein eine Wahl ist. Sie verstricken sich in alten Gewohnheiten und ihre Komfortzone. Als ihnen klar wurde, dass ihr Leben bald zu Ende gehen würde und sie nichts mehr zu verlieren hatten, bekamen sie neuen Aufschwung, lachten wieder und getrauten sich, herumzualbern.

Kaum jemand hat gesagt, er hätte zu wenig Geld gehabt, ein zu kleines Haus oder ein zu langsames Auto.

Was am Ende des Lebens wirklich zählt, sind Glück, Zeit für Dinge, die man liebt, gute Beziehungen, ein starkes Selbstwertgefühl und Gesundheit.

Behalte dir diese fünf Punkte im Hinterkopf, wenn du die Vision deines eigenen Lebens entwickelst.

Du bist ein Macher, kein «Sollter»!

Kommen dir Formulierungen wie «Ich sollte ...», oder «Wenn ich ..., dann ...», bekannt vor?

Zugegeben, es ist wirklich sehr schwierig, diese Formulierungen aus dem eigenen Wortschatz zu streichen.

Sollte, hätte, könnte, würde ..., das waren (und sind) auch Wörter, die ich (zu) oft verwende.

Sie sind sehr kontraproduktiv, denn sie enthalten keine Energie. Dinge, die du dir als «sollte» oder «würde» vornimmst, kannst du auch gleich lassen.

Die beste Methode, dieses Verhalten zu durchbrechen, ist folgende: Immer, wenn du merkst, eine unverbindliche Formulierung zu verwenden, formulierst du den Satz sofort in einen mit energetischen Wörtern um. Zum Beispiel:

- Ich bin einer, der (das) macht.
- Ich mache das ...
- Ich bin ein ....

Definiere, sofern ein zeitlicher Aspekt vorhanden ist, sofort eine Zeit oder ein Datum, an dem du etwas machst oder damit beginnst.

Anstelle von: «Ich sollte mal wieder etwas Sport treiben», sagst du dir: «Ich bin ein Sportler. Ich treibe regelmässig Sport und gehe morgen um 17 Uhr, 5 km laufen». Trage es direkt in deinen Kalender ein.

Sabotiere dich nicht selbst und belasse es beim «sollte». Konzentriere dich stattdessen auf anderes und rufe dir das «sollte» nicht ständig in Erinnerung. Es macht dir nur ein schlechtes Gewissen und strahlt negative Energie aus. Entweder du machst es oder nicht.

Vielleicht hilft es dir aber auch, wenn du dich fragst, warum du etwas machen «solltest». Jeder «sollte» Sport machen. Aber das hilft deinem Gehirn nicht weiter, denn ohne Grund bist du nicht motiviert.

Das führt mich zur «5 Why»-Methode, die dafür hervorragend geeignet ist.

Hast du das Warum gefunden, plane deine «Sollte»-Tätigkeiten fix in dein Leben mit ein.

5 Why-Methode

Die wichtigste Frage, wenn du etwas erreichen willst, lautet: Warum? Das gilt auch, wenn du erfolgreich werden willst, was immer dies für dich bedeutet.

Wenn du dein Warum nicht kennst, hast du keinen Leuchtturm, der dir anzeigt, ob du auf Kurs bist oder vom Kurs abkommst. Ausserdem wirst du ohne Sinn hinter deinem Ziel keinen Durchhaltewillen aufbringen können, wenn schwierige Zeiten und wichtige Entscheidungen auf dich zukommen, und das werden sie, garantiert!

Nur wenn du den übergeordneten Grund kennst, wieso du etwas willst, kannst du erfolgreich sein.

Mit der «5 Why»- oder auch «5x Warum»-Methode kannst du dem Kern einer Frage oder eines Problems auf den Grund gehen. Sie ist aber auch hervorragend geeignet, um dein Warum zu ergründen.

Es funktioniert ganz einfach: Stelle fünfmal nacheinander die Frage «Warum?» auf die jeweilige vorherige Antwort.

Nehmen wir das Beispiel von vorhin mit dem Sport:

Frage	Antwort
Warum sollte ich Sport machen?	Weil ich mich nicht wohlfühle in meinem Körper.
Warum fühle ich mich nicht wohl in meinem Körper?	Ich fühle mich zu dick, energielos und einfach nicht fit.
Warum will ich das ändern?	Ich will ein sportliches Aussehen und wieder mehr Energie ausstrahlen.
Warum brauche ich das?	So werde ich bei meinen Kunden einen besseren ersten Eindruck hinterlassen.
Warum muss ich einen besseren Eindruck hinterlassen?	Damit ich schneller und mehr neue Kunden akquirieren kann. Somit steige ich beruflich schneller auf.

Manchmal landen wir in ganz anderen Gebieten, als wir zuerst gedacht haben. Du musst dich natürlich nicht auf 5 Wiederholungen beschränken. Mache einfach im selben Stil bei Bedarf weiter.

Es ist auch möglich, dass es Verzweigungen gibt. Anstatt Kunden zu beeindrucken, könnte der Grund auch sein, dass du durch deine Ausstrahlung einen bestimmten Typ Partner anziehen möchtest. Oder evtl. ist auch beides der Fall.

Möglicherweise gelangst du auch zu der Feststellung, dass du für die Erreichung deines eigentlichen Ziels die falsche Strategie gewählt hast. Um schneller neue Kunden zu akquirieren, wäre es vielleicht zielführender, ein Verkaufstraining zu besuchen, anstatt Sport zu treiben.

Ein weiteres Beispiel:

Du möchtest mehr Geld verdienen.

Frage	Antwort
Warum will ihr mehr Geld verdienen?	Weil ich mir ein neues Auto kaufen will.
Warum will ich ein neues Auto kaufen?	Weil es alt ist und ich mir doof vorkomme, neben meinen Freunden mit all den tollen Autos nahe der Bar zu parkieren.

Warum komme ich mir doof vor?	Weil ich das Gefühl habe, nicht gut genug zu sein und nicht mit meinen Freunden mithalten zu können.
Warum will ich mithalten können?	Ich habe Angst, sonst den Anschluss und die Freunde zu verlieren.
Wieso habe ich Angst, die Freunde zu verlieren?	Weil sie mich als nicht würdig ansehen könnten, um in ihren Kreisen zu verkehren.

Wie du siehst, dringst du schnell in die Tiefe deiner Gefühle vor. Das ist wichtig, denn hier entscheidest du aus deinem Innern, wie du vorgehen möchtest.

In diesem Beispiel kannst du immer noch entscheiden, dass ein neues Auto die Lösung für deine Gefühle ist.

Oder du überlegst dir, ob es deine Freunde wert sind, Freunde zu sein, wenn sie eure Beziehung über dein Auto definieren.

Vielleicht entscheidest du dich auch, anstelle des neuen Autos dich stattdessen zuerst um dein Selbstwertgefühl zu kümmern.

Das Zentrum deines Lebens

Wenn du herausfinden möchtest, in welche Richtung du dein Leben steuern sollst, sind vier Bereiche betroffen:

1. Du musst Dinge tun, die du liebst und die dir Spass machen. Sonst wirst du langfristig keinen Erfolg haben.

2. Du musst gut sein in dem, was du machst. Wenn du es aber gerne machst, sollte das kein Problem sein.

3. Die Welt braucht, was du machst. Das hängt direkt mit Punkt 4 zusammen:

4. Du musst davon leben können. Jemand (oder mehrere) müssen dir also eine Gegenleistung für dein Angebot anbieten. Meistens in Form von Geld. Es wäre sehr schade, wenn du deine Vision nicht verfolgen kannst, nur weil du mehr mit Überleben beschäftigt bist als mit deiner Zielerreichung.

Dein Lebensziel ist also der innerste Schnittbereich folgender Grafik:

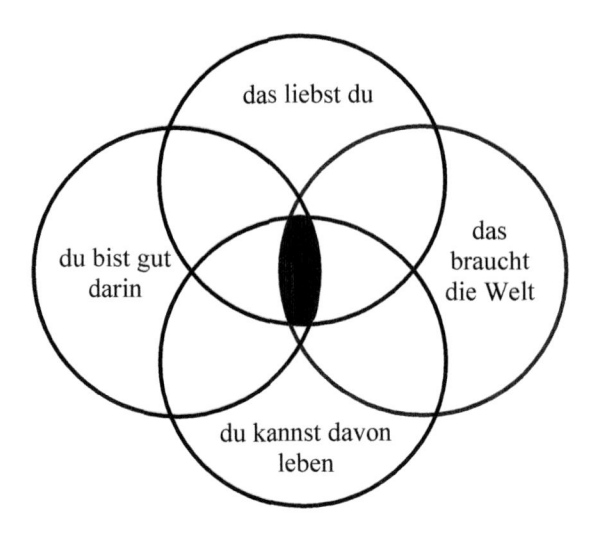

Abbildung 1: In der Schnittmenge liegen Glück und Erfolg

Wichtig: Der Inhalt dieses Bereiches kann sich selbstverständlich mit der Zeit verändern. Du wächst an dem, was du tust und wirst über die Jahre grössere und kleinere Richtungsänderungen vornehmen. Und das sollst du auch!

Legen wir los und vertiefen die einzelnen Bereiche.

Was liebe ich?

Weisst du, was und wen du wirklich liebst?

Wenn du schon mal verliebt warst, kennst du das bekannte Gefühl der Schmetterlinge im Bauch. Eigentlich ist dieses Gefühl Ausdruck von Unsicherheit und Ungewissheit. Daher verschwindet es auch wieder, je länger die Beziehung dauert.

Aber hast du schon einmal während einer deiner Tätigkeiten etwas Ähnliches verspürt?

Was hast du gemacht, das dir einen richtigen Energie-Kick gegeben und dich vollends erfüllt hat?

Oder hast du noch nie ein solches Erlebnis gehabt? Vielleicht erinnerst du dich auch einfach nicht mehr daran.

In diesem Kapitel versuchen wir deine tiefsten Wünsche zu ergründen und Dinge zu finden, bei denen sich dein Herz öffnet.

Worin bin ich gut?

In dem, was du liebst, bist du nicht automatisch auch «gut». Die Chance ist zwar hoch, aber du solltest dir bewusst werden, worin du wirklich gut bist, was also deine Stärken sind, und diese nun darauf verwenden, Dinge zu tun, die du liebst.

So wirst du unaufhaltbar, denn wenn du deine Stärken mit deiner Passion verbindest, wirst du schnell einer der Besten auf deinem Gebiet.

Die wenigsten Menschen wissen, was ihre Stärken sind, oder gestehen sich diese zu.

Mit folgenden Tipps kannst du deinen Stärken auf die Spur kommen.

1. Schreib einfach auf, welche deiner Eigenschaften dir spontan als Stärken einfallen. Komplett wertfrei.
2. Frage dein Umfeld, welche Stärken sie bei dir sehen. Vielleicht brauchst du etwas Überwindung, aber es lohnt sich. Hier bekommst du ehrliche Meinungen aus der «Aussensicht». Frage deinen Partner respektive deine Partnerin, gute Freunde, Arbeitskollegen, Familienmitglieder, Vereinskollegen, Kunden oder Lieferanten etc.
3. Führe einen oder mehrere der zahlreichen Persönlichkeitstests durch, die es gibt. Du findest diese meist kostenlos online über eine kurze Suche. Sie können als Inspiration dienen. Suche zum Beispiel nach dem DiSG-Profil Test, dem «big five»-Persönlichkeitstest oder dem tibetanischen Persönlichkeitstest.
4. Überlege dir, welche Hobbys du hast und welche Stärken daraus resultieren. Meist gibt es eine Verbindung zwischen den Hobbys und den Stärken. Du brauchst bestimmte Fähigkeiten, um dein Hobby erfolgreich auszuführen. Versuche, diese zu identifizieren.

5. Überlege dir, wie du in der Vergangenheit mit Herausforderungen umgegangen bist, die du deiner Meinung nach erfolgreich gemeistert hast. Welche Fähigkeiten und Stärken haben dazu geführt, dass du die Herausforderung bewältigen konntest?

6. Was gab es in der Vergangenheit für Situationen, in denen du dich gut gefühlt hast und in denen es sich «authentisch» angefühlt hat? Was für Situationen gab es, die dich keine Energie gekostet haben, sondern zu einem Energieschub verhalfen? Was hast du gefühlt? Worauf warst du stolz? Kannst du daraus eine Stärke ableiten?

7. Beobachte dich bei Interaktionen mit anderen Leuten. Wann wirst du nervös oder ungeduldig, wenn jemand anderes etwas nicht kann, oder nicht so gut oder schnell macht wie du?

Das sind Hinweise auf Dinge, die dir leicht von der Hand gehen. Und dahinter verbergen sich deine Stärken.

Meine Stärken:

_____

_____

_____

_____

Was braucht die Welt?

Nun, da du weisst, was du magst und hoffentlich auch worin du gut bist, kommen wir in den Bereich, dein Leben entsprechend zu füllen.

Dazu brauchst du wahrscheinlich eine Möglichkeit, von deiner Passion auch längerfristig deinen Lebensunterhalt zu bestreiten. Davon handelt das nächste Kapitel. In diesem Kapitel geht es um die Grundlage dafür. Wenn das, was dich glücklich macht, niemand sonst brauchen kann, wird es schwierig, davon leben zu können.

Damit will ich Folgendes sagen: Du musst etwas finden, was deine Passion unterstützt, aber auch viele andere Menschen gebrauchen können. Dann sind sie bereit, dafür etwas zu bezahlen.

Du musst deine Nische finden, eine Kundengruppe, der du deine Leistungen anbieten kannst. Auch wenn du dich bei einem Unternehmen anstellen lässt, muss dieses an deinen Fähigkeiten interessiert sein und dir ein Job anbieten können, der deiner Passion entspricht.

Zum Glück leben wir in einer Welt, in der diesbezüglich fast alles möglich ist. Kunden auf der ganzen Welt zu erreichen, ist kein Problem mehr. Dafür wird es schwieriger, deine Nische zu «finden» und der Konkurrenzkampf ist ebenfalls höher.

Da dies kein Business-Ratgeber ist, gehen wir nicht in die Details. Ein paar Hinweise jedoch, mit denen du gedanklich starten kannst:

1. Nischen werden eigentlich nicht «gefunden», sondern entwickelt. Du musst mit deinen Angeboten und Produkten ein Bedürfnis auslösen.
2. Du kannst herausfinden, was für Bedürfnisse im Markt vorhanden sind und dafür Lösungen kreieren.
3. Oder du schaffst neue Bedürfnisse, was allerdings schwieriger zu vermarkten ist.

Zwei Beispiele:

- Henry Ford meinte: «Wenn ich die Leute gefragt hätte, was sie wollen, hätten sie geantwortet: schnellere Pferde!»
- Falls du aus der Vor-Smartphone-Ära stammst, kennst du noch Nokia und alles, was vorher da war an mobilen Telefonen. Keiner hat auf das iPhone gewartet und Nokia hat es belächelt. Was passiert ist, zeigt die Geschichte.

Du kannst also durchaus innovative oder disruptive Produkte entwickeln, die neue Bedürfnisse hervorrufen und dir zum Erfolg verhelfen.

Dazu brauchst du aber im Normalfall mehr Kapital und Durchhaltewillen und musst den richtigen Zeitpunkt für die Markteinführung erwischen.

Einfacher ist es, bestehende Bedürfnisse zu identifizieren und für diese Lösungen zu entwickeln.

Hast du Ideen was du anbieten könntest, recherchierst du diese am besten einmal im Internet. Keine Angst: Falls du feststellst, dass es bereits dutzende oder hunderte Anbieter in deinem Segment gibt, lass dich nicht entmutigen. Versuche deine Angebote und deine Zielgruppe weiter zu konkretisieren und dich möglichst einzigartig zu positionieren.

Weitere Methoden und Links zu diesem Thema findest du auf unserer Webseite deinwarum.com.

(Wie) werde ich dafür bezahlt?

Obwohl Geld nicht alles ist, hast du auch nichts davon, deine Mission und dein Lebensziel gefunden zu haben, wenn du nicht davon leben kannst.

Du brauchst also, je nach Ziel und gewünschtem Lebensstandard, mehr oder weniger Geld, um deine Vision in die Tat umzusetzen.

Glücklicherweise sind die Möglichkeiten heute so vielfältig wie noch nie in der Geschichte der Menschheit. Das Internet und die Globalisierung machen es möglich, (fast) die ganze Welt digital innert Sekunden und physisch innerhalb weniger Tage zu erreichen. Die Herausforderung allerdings besteht darin, aus den unendlichen Möglichkeiten die für dich passende zu finden.

Du hast folgende vier grundsätzlichen Möglichkeiten, Geld zu verdienen, um dein Wunsch-Leben zu leben:

1. Du findest einen Job (oder mehrere), der dir das gibt, was du suchst.
2. Du kreierst deinen eigenen Job und findest Leute, die dich dafür bezahlen.
3. Du hast die Möglichkeit, (vorhandenes) Geld zu investieren und finanzierst dein Leben über die ausbezahlte Rendite.
4. Du realisierst eine Kombination der obigen Punkte.

Unter Umständen ist es nicht ganz einfach, für dein persönliches Lebensziel eine Business-Idee zu kreieren. Allerdings stecken die meisten von uns in tiefen, altmodischen Gedankenmustern, die kreative Ansätze erschweren. Noch immer wälzen Teenager ausgediente «Berufskataloge» nach offiziellen Berufen, die erlernt werden können, anstatt ihre Passion herauszufinden und diese zu verfolgen. Wer sagt, dass du nicht auch in jungen Jahren gutes Geld als Speaker, Autor, Influencer oder Investor verdienen kannst? Das sind alles Berufe, die nicht als Berufslehre angeboten werden.

Und was es in einem offiziellen Katalog nicht gibt, kann ja keine Zukunftsaussichten haben. So lautet die Meinung vieler Eltern und auch Arbeitsvermittler.

Deshalb mein Rat an dich:

Falls du Inspirationen bei bestehenden Berufen suchen möchtest, ist das absolut in Ordnung. Schaue dir Kataloge an und überlege, was dir an bestimmten Berufen gefallen könnte und was nicht.

Kreiere dir nun aus mehreren Berufen dein perfektes Berufsbild und ergänze Dinge, die dir wichtig sind.

So solltest du deinem perfekten Job mehr und mehr auf die Spur kommen.

Wichtig: Lasse dich nicht von Klischees beeindrucken und gestalte deine eigene Jobbeschreibung, wie sie dir gefällt. Sei offen für kreative Ideen. Hast du mehrere Interessen, kannst du auch verschiedene Jobs annehmen oder öfters Job und Arbeitgeber wechseln. Es zwingt dich niemand, einen Job zu machen, den du nicht magst, ausser du dich selbst!

Möchtest du dich selbstständig machen, bist aber nicht mutig genug oder fehlt dir das Startkapital, nimm ein Job an, einen, von dem du für deine Geschäftsidee am meisten profitieren kannst. Arbeite parallel dazu an deinem eigenen Business.

Wenn du jetzt denkst: «So einfach ist das aber nicht!», kann ich dir nur recht geben. Abhängig von deiner Lebenssituation ist es nicht einfach. Aber fast ausnahmslos machbar. Nutze deine Kreativität und sei offen, um im Alltag Hinweise auf Möglichkeiten zu empfangen.

Ist dein Job eigentlich nicht das Problem, aber möchtest du lieber am Meer wohnen oder in den Bergen? Vielleicht findest du einen ähnlichen Job auch dort.

Hast du eine körperliche Behinderung? Es ist nur eine Behinderung und keine Verhinderung. Auf unserer Reise mit dem Segelschiff ist uns ein Skipper begegnet, der an seinen Rollstuhl gebunden war. Er hat sein Schiff so umgebaut, dass er trotz Behinderung seinen Traum leben konnte.

Bist du ein Elternteil einer Familie mit (kleinen) Kindern? Du kannst trotzdem deine Passion leben. Im besten Fall wirst du von deiner Familie unterstützt und du und dein Partner oder deine Partnerin finden eine gemeinsame Mission. Ist es nicht möglich, in deiner bestehenden Umgebung glücklich zu werden, macht ein Familienprojekt daraus. Kinder lieben Abenteuer und integrieren sich schnell, falls eine Reise oder ein Umzug das Ziel sein sollen. Lass dich nicht davon abschrecken, sondern suche eine Lösung, die möglichst für alle eine tolle Perspektive bietet. Und das Wichtigste: Lass dir nicht von anderen dreinreden. Nur du und deine Familie wissen, was für euch das Beste ist und was euch glücklich macht.

Vielleicht fühlst du dich in deiner Beziehung zu sehr gefangen. Du und dein Partner sehen keine Chance, eine gemeinsame Basis für eure Träume zu schaffen. Die Interessen und Vorstellungen des Lebens sind zu unterschiedlich. In solchen Fällen ist manchmal eine Trennung besser als zusammen, aber unglücklich alt zu werden. Es zwingt euch niemand – ausser dem Gewissen – zusammenzubleiben. Das gilt auch dann, wenn ihr Kinder habt. Obwohl ich keinem Kind eine Trennung seiner Eltern wünsche und es auch jeweils auf die Situation ankommt, lässt sich doch sagen, dass Kinder meistens weniger unter einer unglücklichen Familiensituation leiden, wenn beide Elternteile zwar getrennt, dafür aber glücklich sind.

Finde heraus, was dich wirklich antreibt

Falls du nun denkst: «Das ist alles schön und gut, aber ich habe so viele Interessen. Ich kann mich nicht für ein Ziel entscheiden!», bist du nicht alleine.

Autorin und Life-Coach Barbara Sher nennt dies auch das «DaVinci-Syndrom»[2]. Leonardo da Vinci war auf sehr unterschiedlichen und vielfältigen Gebieten nicht nur interessiert, sondern auch sehr gut. Er war seiner Zeit weit voraus.

Sher bezeichnet Menschen mit vielen Interessen und Begabungen als «Scanner»-Typen. Diese müssen stets neue Dinge ausprobieren und viel Abwechslung in ihrem Leben haben.

Es gibt allerdings auch den «Taucher»-Typ, den man fälschlicherweise als «Scanner» identifizieren könnte. «Taucher» sind Leute, die bei einem Thema sehr tief gehen. Bis auf den Grund. Sie spezialisieren sich in einem bestimmten Fachgebiet und werden Weltspitze in dem, was sie tun.

Auch wenn du dich spontan als «Scanner»-Typ bezeichnen würdest, kann es aber durchaus auch sein, dass du ein fehlgeleiteter «Taucher» bist. Diese «Taucher»-Typen sehen sich bei den ersten Schwierigkeiten nach anderen Tätigkeitsfeldern um und beginnen etwas Neues. Sie haben dann das Gefühl, sie seien «Scanner»-Typen, sind es in

---

[2] Ich könnte alles tun, wenn ich nur wüsste, was ich will. Barbara Sher. ISBN 978-3423346627

Wahrheit aber nicht. Sie haben nur nicht das Durchhaltevermögen, das ausgewählte Thema wirklich durchzuarbeiten.

Wo siehst du dich? Eher als «Scanner»- oder «Taucher»-Typ? Oder als Taucher mit zu wenig Luftreserve?

Beziehe diese Erkenntnis in die Überlegungen in den kommenden Übungen mit ein.

Schritt 2:
Finde deine Bestimmung

Finde heraus, worin du gut bist, was du gerne tust und was du wirklich willst.

Nun bist du bereit für die Gestaltung deiner Zukunft. Dir ist bewusst, dass du Eigenverantwortung übernehmen musst, und hast mit deiner Vergangenheit Frieden geschlossen.

Jetzt geht es darum, den Weg in dein neues Leben zu ebnen.

Falls du schon genau weisst, was du im Leben willst (oder meinst, es zu wissen), empfehle ich dir trotzdem folgende Übungen durchzuführen. Vielleicht geben sie dir neue Gedankenanstösse, die du bislang noch gar nicht berücksichtigt hast.

Übung 1: Was in dir brannte (und immer noch brennt)

Schreibe auf den folgenden Seiten Tätigkeiten auf, welche du in deinem Leben bislang geliebt hast und in denen du auch gut warst. Was hat dir besondere Freude bereitet und dich glücklich gemacht?

Notiere nur Dinge, die wirklich Spass gemacht und dich interessiert haben und für die du talentiert warst. Also Dinge, die dir einfach von der Hand gegangen sind.

Wenn du zum Beispiel von deinen Eltern zu etwas (mehr oder weniger) gezwungen wurdest, das du gar nicht wolltest, schreibe es nicht auf.

Gehe so weit zurück in deinem Leben, wie du dich erinnern kannst. Vielleicht befragst du auch deine Eltern dazu.

Was hast du als Kind besonders gut und gerne getan?

Welche Hobbys hattest du als Teenager?

Welche Fächer haben dir in der Schule Spass gemacht?

Liste ebenso Berufe auf, die du als Kind später ausüben wolltest. Welche Berufe hast du als Kind «gespielt»? Welche Gebiete haben dich später bei der Berufswahl oder für ein Studium interessiert?

Notiere noch keine Tätigkeiten oder Berufe, die du dir im Moment für die Zukunft wünschen würdest. Beschränke dich auf die Vergangenheit.

Es spielt dabei keine Rolle, wie realistisch deine Ideen waren. Ob du Astronaut, Profisportler, Chefkoch oder Musiker hinschreibst, alles ist gut.

Wichtig:

Lass die rechte Spalte noch frei.
Zu der kommen wir bei Übung 2.

Das habe ich in meiner Vergangenheit geliebt:

Ich liebte …	… weil …

Übung 2: Der Grund

Nun lass uns ergründen, was dir an den entsprechenden Tätigkeiten konkret gefiel.

Ein paar Beispiele:

Du hast als Teenager gerne mit Freunden «rumgehangen». Was konkret hat dir dabei Spass gemacht? Du hättest auch viele andere Dinge machen können. Habt ihr Mode-Tipps ausgetauscht oder Beziehungsprobleme besprochen? Wie hast du dich in die Gruppe eingebracht und was daraus mitgenommen?

Du hast immer den Wunsch gehabt, Pilot zu werden, hast es aber nie geschafft. Was ist der Hauptgrund für deinen Wunsch? Das Gefühl frei zu sein? Die Schönheit der Welt von oben zu sehen? Viel herumzukommen? Die Technik? Die Verantwortung, viele Menschen sicher ans Ziel zu bringen?

Als Kind hast du dich voll und ganz einer Sportart verschrieben. Zum Beispiel Fussball. Was war dein Antrieb? Wolltest du reich und berühmt werden? Hast du einfach das Spiel geliebt? Warst du immer extrem stolz und glücklich, wenn deine Mannschaft gewonnen hat? Gehörten das Team-Play und der Zusammenhalt in der Mannschaft zu den Gründen, wieso du Fussball toll fandest? War es die körperliche Herausforderung, immer besser, schneller und stärker zu werden?

Tauche so tief wie möglich in dich hinein und finde heraus, was der eigentliche Grund war, weshalb es dir Spass gemacht hat.

Schreibe alles, was dir einfällt in die rechte Spalte der vorherigen Übung.

Du kannst bei Bedarf auch den Ansatz der 5 Why-Methode verwenden, falls dir dies hilft.

Übung 3: Gruppieren

Versuche nun, die tieferen Gründe aus der letzten Übung thematisch zu gruppieren. Sogenannte «Cluster» zu bilden.

Erkennst du Gemeinsamkeiten der einzelnen Bereiche?

Zeichnet sich eine Richtung deiner Persönlichkeit ab?

Falls du es für sinnvoll erachtest, kannst du die Cluster auch nochmals zusammenfassen.

Meine zusammengefassten Gründe:

_____

_____

_____

_____

_____

Übung 4: Klarheit

Nun sind wir in deiner Gegenwart angekommen. Deine Vergangenheit hat bereits eine Richtung eingeschlagen. Jetzt finden wir heraus, was du heute magst und was nicht.

Schliess deine Augen und gehe eine typische Woche (oder ggf. einen Monat) in deinem Geiste durch. Stunde für Stunde, Tag für Tag.

Überlege dir deine Tätigkeiten und Gefühle und notiere, was positive und was negative Gefühle auslöst.

Worauf freust du dich jeweils?

Auf was nicht?

Welche Gefühle steigen in dir auf?

Negativ	Positiv

Hast du viel mehr negative Dinge notiert als positive, ist das auch in Ordnung. Wir Menschen tendieren dazu, eher das Schlechte zu sehen. Dann kann dir folgender Trick helfen:

Nimm die Dinge aus der Negativ-Spalte und schreibe das positive Gegenteil davon in die rechte Spalte, denn das Gegenteil von dem, was du hasst, magst du.

Versuche auch hier wieder, Cluster mit Dingen zu bilden, die einen gemeinsamen Ursprung haben.

Schreibe nun die Cluster der positiven Seite heraus und formuliere konkrete Sätze daraus:

Widmen wir uns deiner Zukunft.

Die 8 Lebensbereiche

Wenn du dir Gedanken über deine Zukunft machst, kommst du an folgenden acht Lebensbereichen nicht vorbei. Sie alle haben Einfluss auf dich und entscheiden darüber, ob du dein perfektes Leben lebst.

1. Soziales Umfeld und Gesellschaft
2. Deine Persönlichkeit
3. Hobbys und Freizeit
4. Finanzen
5. Arbeit und Karriere
6. Gesundheit und Fitness
7. Beziehungen und Partnerschaft
8. Deine Lebenssituation

Schauen wir uns die einzelnen «Domänen» genauer an:

Soziales und Gesellschaft

In diesem Bereich geht es um deinen Beitrag in der Gesellschaft und das soziale oder gemeinnützige Engagement. Was gibst du der Gesellschaft zurück?

Persönlichkeit

Der Bereich Persönlichkeit bezieht sich auf deine persönliche, innere Entwicklung. Was hast du für Überzeugungen, was für Werte oder Verhaltensmuster? Was für Gefühle, was für Stärken und Schwächen? Auch intellektuelle Dinge wie Wissen kannst du hier einbeziehen.

Hobbys und Freizeit

Zu Hobbys und Freizeit zählen Dinge, die du ausserhalb deiner beruflichen Aktivitäten machst. Hier kann es durchaus Schnittstellen zu anderen Bereichen geben. Falls du in den kommenden Übungen Schwierigkeiten mit der Abgrenzung hast, zählst du zumindest Dinge, die dich entspannen oder generell dem Ausgleich zum restlichen Alltag dienen, in diesen Bereich. Auch Urlaube kannst du hier mit aufführen.

Finanzen

Diese Lebens-Domäne ist ganz für deine finanziellen Ziele vorgesehen. Wie viel Einkommen und Vermögen möchtest du erreichen?

Arbeit und Karriere

Dieser Bereich ist von den Finanzen getrennt, obwohl er zugegebenermassen oft damit zusammenhängt. Hier geht es jedoch um die Arbeit respektive darum, welche Tätigkeiten du in welcher Rolle machen möchtest. Möchtest du lieber angestellt sein und in einer Firma eine leitende Stellung bekleiden oder selbstständig deine eigene Firma aufbauen? Oder übernimmst du ein bestehendes Unternehmen als Geschäftsführer?

Gesundheit und Fitness

Was hast du für Ziele bezüglich Gesundheit und Fitness? Willst du ein paar Kilos abnehmen? Hast du chronische Probleme, denen du endlich auf den Grund gehen möchtest? Möchtest du für einen Marathon trainieren oder einfach auf dein Idealgewicht kommen?

Beziehungen und Partnerschaft

Wie sieht deine Wunschvorstellung aus bezüglich der Beziehungen in einer Partnerschaft? Möchtest du deine eigene Familie gründen oder vergrössern? Was möchtest du in einer bestehenden Beziehung erreichen?

Wie steht es um die Beziehungen zu deinen Eltern, Geschwistern, Freunden und Bekannten? Möchtest du neue Beziehungen aufbauen, um ein spezifisches Ziel zu erreichen?

Lebenssituation

Deine Lebenssituation ist eine Gesamtsicht auf dein Leben.

Wie verbringst du deinen Tag?
Wo und wie wohnst du?
Was hast du für materielle Errungenschaften wie Autos, ein Haus etc.?
Wie oft machst du Urlaub und wo?
Bist du verheiratet und hast Kinder?

Skizziere deine Zukunft

Wir kommen nun zu dem Prozess, in dem du dein Wunsch-Leben skizzierst. Berücksichtige alle für dich wichtigen Lebensbereiche und die Resultate aus den vorhergehenden Übungen.

Überlege nicht das «Wie», sondern nur das «Was». Konzentriere dich darauf, wie deine Wunschvorstellung aussieht und wie sie sich anfühlt. Wie du dahin kommst und was realistisch oder unrealistisch ist, soll dich an dieser Stelle nicht interessieren.

Gehe zuerst nochmals die Ergebnisse der Übungen 1–4 durch.

Nun stellst du dir in Gedanken dein restliches Leben vor. Schliesse dazu deine Augen. Stelle dir alles ganz genau vor.

- Wie fühlst du dich?
- Was tust du?
- Wie reagieren deine Mitmenschen?
- Wer ist sonst noch in deinem Leben?
- Wie alt wirst du?
- Wo lebst du?
- Wie siehst du aus?
- Was machst du so gerne, dass du etwas bezahlen würdest, um es machen zu dürfen?
- Was machst du «freiwillig» und aus tiefer Überzeugung?
- Was hast du für Freunde?
- Wie verändert sich die Welt?

Du kannst dir auch vorstellen, dass du einen Zauberstab hast und alles so herzaubern könntest, wie du es gerade möchtest. Wie sieht dein Leben aus?

Gehe die Monate und Jahre durch. Berücksichtige die acht Lebensbereiche und notiere alle Wünsche, die du hast.

Versuche auch hier, den eigentlichen Grund (dein Warum) zu finden. Gruppiere die Wünsche so, dass du deine 10 wichtigsten Leidenschaften vor dir hast.

Die Zukunft stelle ich mir so vor, …	… weil …

Nun geht es ans Eingemachte!

Finde deine Passion

Die Grundidee für diese Übung stammt von Janet Attwood. Im Detail kannst du alles im Buch «The Passion Test»[3] nachlesen.

Der Ablauf ist wie folgt:

1. Du nimmst deine 10 Wünsche/Leidenschaften aus der vorherigen Übung.
2. Diese 10 werden auf deine Top 5 heruntergebrochen.
3. Du überlegst, wie du erkennst, ob du auf dem richtigen Weg bist.

10 Ideen für deine Leidenschaften

Nimm die 10 Wünsche/Leidenschaften, die du dir notiert hast, und formuliere sie in einem «Mein Leben ist perfekt, ich bin ...»-Satz. Es ist wirklich wichtig, dass du jeden Punkt in genau dieser Form notierst.

Mein Leben ist perfekt, ich bin ...

① _____

② _____

---

[3] The Passion Test. Janet Attwood. ISBN 978-1594630422.

⑨ _____

_____

⑩ _____

_____

Siehe zu, dass du nicht mehrere gleiche oder ähnliche Punkte aufzählst. Folgendermassen kannst du herausfinden, ob du Duplikate aufgelistet hast. Frage dich Folgendes:

Meint der eine Punkte dasselbe, was ich auch beim anderen Punkt meine?

Falls ja, lösche das Duplikat und schreibe gegebenenfalls den ersten Punkt um. Falls du bei beiden Punkten nicht dasselbe meinst, lasse sie stehen und formuliere sie eindeutiger, falls notwendig.

Deine Top 5

Nun geht es darum, deine Top 5 herauszukristallisieren. Führe diese Übung, wenn irgendwie möglich, mit einer weiteren Person durch, zum Beispiel deinem Partner oder einem guten Freund / einer guten Freundin.

Dein Partner liest nun Punkt 1 und Punkt 2 vor. Du entscheidest, welcher sich für dich besser anfühlt oder wichtiger ist.

Falls du dich nicht entscheiden kannst, verwende folgende Frage als Hilfe:

Wenn du Nr. 1 haben könntest, aber Nr. 2 niemals möglich wäre, respektive, wenn du Nr. 2 haben könntest und Nr. 1 niemals möglich wäre, welcher Punkt fühlt sich besser an?

Vergleiche alle Punkte miteinander.

Beispiel erster Durchlauf:

Schritt 1: Vergleich Punkt 1 zu Punkt 2. Punkt 1 gewinnt.
Schritt 2: Vergleich Punkt 1 zu Punkt 3. Punkt 1 gewinnt.
Schritt 3: Vergleich Punkt 1 zu Punkt 4. Punkt 4 gewinnt.
Schritt 4: Vergleich Punkt 4 zu Punkt 5 ...
etc.

Notiere den ersten Gewinner in der Tabelle unten auf Position 1. Streiche anschliessend diese Leidenschaft in deiner Top-10-Liste und fahre mit den übrigen Punkten genauso weiter fort.

Nr.	Leidenschaft
①	
②	
③	
④	
⑤	

Deine Passion greifbar machen

Definiere Erkennungspunkte, an denen du erkennen kannst, dass du deine Passion lebst und erreicht hast (sogenannte «Marker»).

Ein paar Beispiele:

Du möchtest eine Bestseller-Autorin werden. Dass du deine Passion lebst, kannst du zum Beispiel daran erkennen: Du bist auf wichtigen Magazinen auf der Titelseite zu finden. Oder du stehst auf einer Bestsellerliste ganz oben.

Als Profisportler könnten es erreichte Titel oder Medaillen sein.

Willst du Pilot werden, könnten Marker deine Pilotenlizenz, Pins auf einer Weltkarte oder Souvenirs deiner angeflogenen Ziele sein.

Definiere pro Leidenschaft 3–5 solcher Merkmale, an denen du erkennst, dass du deine Leidenschaft auslebst.

Hinweis: Diese Marker sind die (vorläufigen) «Endziele». Dinge, die du jeden Tag tust (zum Beispiel früher aufstehen), sind keine Marker, sondern Zwischenziele.

Leidenschaft Nr.	Marker zur Leidenschaft
①	1) 2) 3) 4) 5)

② 1)

2)

3)

4)

5)

③ 1)

2)

3)

4)

5)

④ 1)

2)

3)

4)

5)

⑤

1)

2)

3)

4)

5)

Nun weisst du hoffentlich schon sehr genau, wie sich dein Leben künftig anfühlt.

Wichtig:

Diese Leidenschaften, Passionen oder Wünsche – wie immer du sie nennen möchtest – verändern sich mit der Zeit. Du solltest diese Übung deshalb regelmässig durchführen. Wenn du auf Erfolgskurs bei deinen Top 5 Leidenschaften bist, ändert sich dein Fokus und andere Dinge können an Wichtigkeit gewinnen.

Nimm dir also zum Beispiel einmal im Jahr die Zeit, deine Lebensausrichtung zu prüfen und anzupassen.

Um deine Vorhaben zu manifestieren, kann ich dir nun noch folgende Übung ans Herz legen:

Die Rede zu deinem 100. Geburtstag

Ja, richtig gelesen. Du schreibst eine Rede zu deinem eigenen 100. Geburtstag.

Du kannst selbst entscheiden, ob du sie aus deiner Sicht schreibst oder aus der Perspektive einer Drittperson. Die letztere Version kann auch sehr wirksam sein, da du die Aussensicht beschreibst.

Als Hilfsmittel für diese Rede nimmst du deine Top 5 Leidenschaften sowie deine Erkennungspunkte (Marker). Daraus formulierst du die wichtigsten Stationen und Erfolge in deinem Leben.

«Liebe Familie, liebe Freunde. Heute feiern wir den 100. Geburtstag von ...

Schritt 3: Die Vision Wirklichkeit werden lassen

Jetzt weisst du, was du möchtest. Was deine Passion ist und wie dein «perfektes Leben» aussieht.

Doch wie kannst du das nun erreichen?

Jetzt hast du hoffentlich ein klares Bild von dem, was du willst. Solltest du bei der letzten Übung Schmetterlinge im Bauch gehabt haben, als du deine Rede gelesen hast, hast du alles richtig gemacht!

Doch wie kannst du nun deine Wünsche Wirklichkeit werden lassen? Speziell diejenigen, welche dir unrealistisch erscheinen?

Der Autor und Berater Simon Sinek ist bekannt für seinen «Golden Circle»[4].

Diese Kreise beschreiben den Weg zum Warum.

Abbildung 2: Der "Golden Circle"

---

[4] Frag immer erst: warum. Simon Sinek. ISBN 978-3868815382.

Das Warum wird zuerst definiert. Danach arbeitet man sich nach aussen durch die Ringe. Dein Warum sollte in den bisherigen Übungen bereits genügend eingeflossen sein. Deinen Leuchtturm solltest du jetzt kennen.

Nun geht es darum, das «Wie» und das «Was» herauszufinden.

Was musst du wie tun, um zu deinem Warum zu gelangen?

Zuerst schauen wir uns also das «Wie?» an.

Wie willst du dein Ziel erreichen? Welche Wege musst du gehen? Das «Wie» ist deine Strassenkarte, die dich zum Leuchtturm führt.

Zum Schluss kommt das «Was?»:

Was ist zu tun?
Wie kommst du konkret vorwärts und deinem Ziel entgehen?
Das «Was» sind die Transportmittel, die dich via Strassenkarte zum Leuchtturm bringen.

In Unternehmenssprache machst du hier nichts anderes, als für dich persönlich deine Vision, Mission und die Strategie zu definieren.

In den folgenden Kapiteln gebe ich dir einige Gedankenanstösse, wie du vorgehen kannst.

Das nächste Kapitel dreht sich um die Macht deiner Gedanken und Gefühle.

Die Gesetze des Universums

Vielleicht hast du auch schon vom Gesetz der gegenseitigen Anziehung gehört. Dieses «Gesetz» ist wissenschaftlich nicht belegt, aber es gibt gute und nachvollziehbare Gründe, daran zu glauben.

Für mich handelt es sich um ein hervorragendes Instrument für alle, die mit Religionen nicht viel anfangen können, sich der Spiritualität aber nicht ganz verschliessen wollen.

Das Gesetz der gegenseitigen Anziehung besagt, dass alles auf der Welt eine Wechselwirkung ist und auf den physikalischen Grundgesetzen beruht.

Plakativ gesagt: Wenn du Gutes tust und für die Welt einen Mehrwert leistest, wirst du vom Universum in irgendeiner Weise belohnt. Umgekehrt gilt dies genauso. Das Problem: die Belohnung kann ganz anders ausfallen und zu einem anderen Zeitpunkt eintreten, als du erwartest.

Populär wurde diese Theorie unter anderem durch das Buch (und den Film) «The Secret» von Rhonda Byrne[5]. Den Film findest du auf YouTube und Netflix.

Dort geht es sogar einen Schritt weiter. Das Buch behauptet, dass du rein durch deine Gedanken dein Leben steuern kannst. Für viele, die

---

[5] The Secret - Das Geheimnis. Rhonda Byrne. ISBN 978-3442337903.

sich damit zum ersten Mal beschäftigen, klingt das sehr abgehoben und esoterisch.

Die wahren Geschichten, die dazu angeführt werden jedoch, regen zum Denken an. Vielleicht ist es reiner Zufall, vielleicht aber auch nicht?

Ein Familienvater schneidet repräsentativ für seinen Traum ein Bild von einem tollen Anwesen mit viel Umschwung aus einer Zeitschrift aus und klebt es auf sein Vision-Board. Ein Vision-Board, solltest du das nicht kennen, ist nichts anderes als eine Collage von Bildern, die deine Wünsche darstellen. Jahre später zieht die Familie um, das Vision-Board ist längst vergessen und irgendwo in einem Umzugskarton gelandet. Im neuen Haus angekommen, öffnet der Sohn eine der Kisten und findet das Vision-Board. Darauf ist das Haus, in dem sie gerade eingezogen sind. Nicht ein ähnliches Haus. Genau dieses Haus.

Wie kann das sein? Zufall? Entscheide für dich.

Wenn du dich tiefer mit der Materie beschäftigst, wirst du feststellen, dass zumindest ein bisschen Wahrheit in der Idee von «The Secret» liegt.

Du steuerst vielleicht nicht den direkten, unmittelbaren Einfluss auf dein Leben nur durch deine Gedanken, aber dein Unterbewusstsein tut es.

Dieses Phänomen ist sogar wissenschaftlich belegt und medizinisch begründet. Die Ursache sind deine Spiegelneuronen. Diese Nervenzellen helfen, unter anderem, zusammen mit deinem Unterbewusstsein dabei, deine Lebenseindrücke nach für dich wichtigen Dingen zu filtern.

Du hast das bestimmt schon, vielleicht nicht bewusst, erlebt, vielleicht als du ein neues Auto kaufen wolltest und dich innerlich bereits für ein Modell entschieden hast. Plötzlich fahren fast nur noch solche Fahrzeuge auf der Strasse, viel mehr, als sie dir zuvor aufgefallen wären. Natürlich waren die aber auch vorher schon da.

Oder bist du frisch verliebt? Dann siehst du überall andere Turtel-Paare, die sich eng umschlungen küssen oder Händchen haltend spazieren gehen. Diese waren auch schon vorher da, nur sind sie dir nicht aufgefallen. Dein Fokus war anders.

Mir ist das jeweils aufgefallen, als meine Frau schwanger war. Plötzlich schien die Hälfte aller Frauen schwanger zu sein. Mittlerweile nehme ich schwangere Frauen natürlich immer noch wahr, aber nicht mehr so bewusst wie damals.

Das funktioniert auch, wenn du dir bestimmte Dinge vorstellst oder Gefühle lenkst. Du kannst also bestimmen, wie sich dein «bewusstes Leben» entwickelt.

Jeder von uns hatte schon einmal einen richtig schlechten Start in den Tag. Alles geht schief. Die Zahnpasta ist leer, aus der Dusche kommt nur kaltes Wasser, die Kaffeemaschine will nicht oder der Kaffee ist alle. Solche Tage gibt es immer mal wieder. Die Frage ist nur, wie du damit umgehst. Lässt du dich herunterziehen, wirst du den ganzen Tag über negative Dinge «anziehen». Dies passiert deshalb, weil du darauf konditioniert bist. Du siehst nur die schlechten Dinge. Die schönen und guten Dinge werden von deinem Gehirn ausgeblendet. Sie sind zwar da, aber du bemerkst sie nicht.

Ganz anders sieht es aus, wenn du für dich entscheidest, dass es ein toller Tag wird, auch wenn du nur kaltes Wasser zum Duschen hattest. Du lässt dich nicht in die negative Spirale ziehen und bist dadurch auf die schönen und guten Dinge konditioniert. Der Tag wird sich positiv entwickeln, auch wenn garantiert Negatives geschieht. Du nimmst die negativen Dinge nur untergeordnet war, sie sind nicht relevant. So bist du auf einen guten Tag programmiert.

Wenn du mit diesem Wissen dir «The Secret» anschaust, ergibt alles einen Sinn. Du kannst dein Leben tatsächlich deine Gefühle und Gedanken steuern, zumindest wie du es erlebst.

Falls du nicht der spirituelle Typ bist und mit den westlichen Religionen nicht viel anfangen kannst, mache dich auf die Suche nach einer Spiritualität, die dir zusagt und aus der du Kraft schöpfen kannst. Kreiere deine eigene Lehre oder kombiniere das für dich Beste aus verschiedenen Lehren. Vielleicht entsprechen dir östliche Weisheiten eher?

Hast du Leitplanken und Inspirationen einer übergeordneten Macht, kannst du deine Ziele geradliniger und schneller erreichen, denn dein Unterbewusstsein wird dich unterstützen.

Wie Gedanken funktionieren

Im vorherigen Kapitel haben wir gelernt, dass unser Gehirn und die Spiegelneuronen die Wahrnehmung unseres Lebens bestimmen und dass wir diese selbst beeinflussen können.

Dies ist auch der Grund, wieso viele Bücher und Coaches im Bereich Persönlichkeitsentwicklung von Visualisierungen schwärmen.

Dein Gehirn kann nämlich nicht unterscheiden, ob Dinge tatsächlich passieren oder deiner Fantasie entsprungen sind.

Du kannst mit Visualisierungen das Gehirn konditionieren, auf deine Wünsche zu reagieren. Wichtig: Es funktioniert nur, wenn gleichzeitig starke Gefühle involviert sind. Einfach 10 Minuten auf dein Vision-Board zu starren, wird nicht helfen. Stelle dir gedanklich die Situationen vor und fühle, wo du bist, wie es sich anfühlt und was geschieht.

Mit positiven Gedanken und Vorstellungen ziehst du mehr von dem an, was du dir wünschst. Dein Geist fokussiert sich auf diese Dinge.

Allerdings gilt dies für das Gegenteil genauso. Stellst du dir dauernd negative Dinge vor und machst dich selber schlecht, trainierst du dein Gehirn, dies wahr werden zu lassen.

Du wirst also immer in deinen Überzeugungen und Vorstellungen bestätigt, egal, ob sie dich weiterbringen oder bremsen.

Dieses Bewusstsein ist unglaublich mächtig. Setzt du dieses Wissen richtig ein, kann sich dein Leben in Kürze radikal verändern!

Werde dir also deiner Gedanken bewusst und prüfe deine Glaubenssätze. Verwandle negative Gedanken in positive und du wirst dein Leben neu entdecken.

Konditioniere dein Unterbewusstsein

Du hast nun gelernt, was «visualisieren» bedeutet.

Wenn du dir deine Wunschergebnisse visuell vorstellst, beachte alle Facetten. Gestalte deine Vorstellung möglichst real. Du stellst dir vor wo du sein wirst, was du machst, wie sich die Umgebung anfühlt. Wie es riecht, wie du dich fühlst, was um dich herum geschieht.

Leute, die vom Gesetz der gegenseitigen Anziehung überzeugt sind, empfehlen üblicherweise nicht zu überlegen, WIE man zum gewünschten Ergebnis kommt. Kümmere dich nur um das WAS, für das WIE ist das Universum besorgt.

Das funktioniert jedoch nicht für alle und einige behaupten, dass man dadurch das Gehirn überfordert, indem unrealistische Ist-Zustände simuliert werden. Führst du ein durchschnittliches Leben und stellst dir beispielsweise vor in einer riesigen Villa zu leben, kann das Gehirn diese Tatsache nur schlecht verwerten. In diesem Fall kannst du versuchen, das WIE mit einzubringen, um eine Brücke zu schlagen. So werden die Zusammenhänge für das Gehirn verträglicher und nachvollziehbar.

Stell dir also vor, wie du zu deinem Ziel gelangst und wie du mit Leichtigkeit Hindernisse überwindest und umgehst. Stelle dir den

Weg ebenfalls in allen erdenklichen Facetten vor. Vielleicht findest du auch mehrere Wege, die du dir vorstellen kannst. Eventuell zeichnet sich so auch der für dich gangbarste Weg ab.

Womöglich schaffst du es, die Lösung für dein Problem, also den Weg zum Ziel, gedanklich so detailliert und umfangreich durchzudenken, dass du deinen Plan nur noch umsetzen musst.

So wie Nikola Tesla. Den kennst du nicht? Nein, er ist nicht der Gründer der bekannten Firma Tesla. Nikola Tesla ist der eigentliche Erfinder der Elektrizität, wie wir sie heute kennen und nutzen.

Tesla hat, während Thomas Edison mit seiner ersten Gleichstrom-Installation an seine Grenzen gestossen ist, den Wechselstromgenerator erfunden. Und zwar im Traum. Er konnte detaillierteste physikalische Auswirkungen im Kopf durchgehen und mental prüfen, ob etwas funktionieren kann oder nicht. Er hatte einen sehr scharfen Verstand und war Meister im Visualisieren.

Eine spannende Persönlichkeit mit einer Mission, die unser aller Leben verändert hat und weiter verändern wird. Teslas Biografie zu lesen, kann ich dir sehr ans Herz legen.

Wiederhole also deine Vorstellungen so oft wie möglich. An einem ruhigen Ort mit entspannender Musik im Hintergrund. Beispielsweise vor dem Schlafengehen oder morgens, direkt nachdem du aufwachst. Du kannst diese Visualisierung auch in Form einer Meditation durchführen.

Eine weitere Möglichkeit sind Vision-Boards oder Vision-Books. Die Idee ist simpel. Du nimmst ein Blatt Papier oder ein Notizbuch, einen Klebestift und Magazine mit Bildern deiner Ziele. Dann schneidest du, stellvertretend für deinen Traum, die entsprechenden Inhalte aus und klebst sie auf dein Blatt oder in das Buch.

Dann schaust du, begleitet von deiner Wunschvorstellung, diese Bilder immer und immer wieder an.

Natürlich kannst du auch moderner arbeiten und die Szenen und Bilder im Internet zusammensuchen. Möchtest du ein bekannter Speaker werden? Suche ein Bild von deinem Idol auf der Bühne vor einem riesigen Publikum im Internet und tausche seinen Kopf gegen deinen aus. Drucke deine Fotomontage aus oder erstelle ein digitales Vision-Book.

Dein neues Leben visualisieren

Wie wendest du dies nun auf dein neues Leben an?

Es spielt keine Rolle, ob du ein Vision-Book oder Vision-Board erstellst. Der Unterschied liegt im Format. Ein Vision-Board ist ein Plakat, im besten Fall in der Grösse A3 oder grösser. Ein Vision-Book ist dagegen ein Buch, das du leicht transportieren und jederzeit durchblättern kannst.

Konkret nimmst du deine Erkennungspunkte (Marker) und zeichnest oder klebst Abbildungen, die deine Endziele visuell darstellen, in dein Buch oder auf ein Poster. Du kannst auch für dich wichtige Zitate aufschreiben und das Ganze nach deinem Gusto verzieren. Lass deiner Kreativität freien Lauf. Es wird dein Meisterstück.

Weiter kannst du deine Top 5 Leidenschaften auf eine Karteikarte schreiben und immer bei dir tragen oder an einem Ort aufhängen, wo du sie oft siehst, zum Beispiel an einem Spiegel oder gegenüber dem Klo.

Füge unterhalb deiner fünf Punkte den Zusatz «... oder etwas Besseres» hinzu, damit du auch offen bist für Dinge, die noch besser sind, und du dich nicht mental einschränkst.

Die innere Welt bestimmt die äussere Welt

Kennst du diesen Satz: «Deine innere Welt bestimmt deine äussere Welt»?

Damit ist gemeint, dass sich dein Leben ausserhalb deines Körpers nicht ändert, solange du dich in deinem Körper nicht änderst.

Deine Wirkung auf andere, deine Habseligkeiten, dein Bankkonto, deine Freunde und deine Gesundheit werden sich nicht verändern, wenn du nicht zuerst in dir drin damit anfängst.

Wenn du geistig und mental nicht bereit bist, dein Leben zu verändern, wird dies auch nicht passieren. Du kannst dich noch so anstrengen.

Mit dem Durcharbeiten dieses Buches machst du den ersten, wichtigen Schritt, dieses Ziel zu erreichen.

Suche dir Idole

Vielleicht hattest du als Kind Idole: Musiker, Schauspieler, deine Eltern, Nachbarn oder Verwandte. Bestimmt hast du Dinge nachgeahmt und hast dir vorgestellt, später so zu sein wie sie.

Mit wachsendem Alter ist der Einfluss dieser Idole gesunken oder du hast entschieden, dass du ein Individuum bist und nicht so sein möchtest, wie jemand anderes.

Was ich bis vor Kurzem nicht verstanden habe, ist, dass es um die Kombination geht. Du pickst dir Eigenschaften von verschiedenen Menschen, die dich beeindrucken und kreierst deine eigene, individuelle Persönlichkeit.

Du schaust dir also an, welche Werte und Charakterzüge für dich wichtig sind und kreierst deinen eigenen Cocktail.

Dabei brauchst du dich nicht auf lebende Personen zu beschränken. Auch Tote können ein Vorbild für dich darstellen.

Für mich spannende Persönlichkeiten sind Leonardo da Vinci oder auch Nikola Tesla. Tesla hat mit extrem tiefem und breitem Verständnis für technische und natürliche Zusammenhänge die Welt verändert. Allerdings ist er kein gutes Vorbild für erfolgreiches Unternehmertum. Da gibt es interessantere Persönlichkeiten wie Jeff Bezos, Richard Branson oder Elon Musk.

Welche Charakterzüge und Erfolge von welchen Menschen stärken deine Persönlichkeit?

Deine Werte

Damit du deine Ziele kongruent, d. h. im Einklang mit deiner Persönlichkeit erreichen kannst, musst du deine eigenen Werte kennen und tagtäglich leben.

Passt dein Charakter nicht zu deinem äusseren Auftreten und deinen Handlungen, wird dich dein Umfeld nicht verstehen oder missverstehen.

Deshalb ist es wichtig, sich Gedanken über seine eigenen Werte und Charaktereigenschaften zu machen.

Übung:

Finde Persönlichkeiten (es müssen keine Berühmtheiten sein), die dir imponieren. Deine Idole also. Finde ebenso «Anti-Idole», d. h. Menschen, die du wegen bestimmten Charakterzügen nicht magst.

Diese Übung habe ich von einem meiner Mentoren gelernt, dem Online-Unternehmer und Coach Eben Pagen. Der Ansatz basiert auf der Charakter-Projektion auf andere Personen.

1. Falte ein leeres A4-Papier hochkant in der Mitte. Lege das gefaltete Blatt mit der Öffnung nach links auf den Tisch.

2. Teile diese halbierte Seite mit einem Stift (horizontal) in zwei gleiche Teile.

3. Schreibe nun in der oberen Hälfte drei Namen von Personen, die du aufgrund ihrer Arbeit, ihres Wesens o. ä. sehr respektierst,

deine drei Idole so zusagen. Verteile die drei Namen gleichmässig auf die obere Hälfte des gefalteten Blattes.

4. In der unteren Hälfte schreibst du drei Namen von Personen, die du überhaupt nicht magst, die du gar verachtest oder mit denen du «nichts anfangen» kannst. Verteile die drei Namen gleichmässig auf die untere Hälfte des gefalteten Blattes.

5. Öffne nun das Papier und schreibe auf die rechte Seite (die noch leer ist) zu den ersten drei Namen jeweils drei Eigenschaften, die du an den Personen sehr schätzt. Nenne diejenigen Eigenschaften, die für dich den Ausschlag dafür geben, dass sie als Idol genannt werden. Die Gründe, wieso du diese Namen notiert hast.

6. Nun schreibst du zu den unteren drei Namen (die Personen die du nicht magst), ebenfalls jeweils drei Eigenschaften. Aber dieses Mal nennst du die Eigenschaften, Verhaltensweisen etc. die du eben nicht magst und aufgrund deren du ebendiese Personen aufgeschrieben hast.

7. Du hast nun auf der linken Seite jeweils drei Namen von Personen die du bewunderst, sowie drei Personen, die du nicht magst und vielleicht sogar verachtest. Auf der rechten Seite stehen nun pro Person, die jeweiligen drei Gründe, wieso du diese Personen ausgewählt hast.

8. Nun lege das Blatt wieder gefaltet vor dich hin, sodass die Namen verdeckt sind und du nur die 18 Eigenschaften lesen kannst.

9. Du siehst nun genau die Eigenschaften, die auch auf dich zutreffen. Die ersten neun Punkte sind ebenso deine positiven Eigenschaften, welche du so vielleicht noch gar nie wahrgenommen hast.

10. Die negativen Punkte hast du auch in dir. Vielleicht nicht in derselben Ausprägung wie die Person, welche du notiert hast. Aber es gibt einen guten Grund, wieso du dich für genau diese Personen mit diesen negativen Eigenschaften entschieden hast. Überlege, welche Punkte auch auf dich zutreffen. Frage allenfalls eine Drittperson bezüglich ihrer Einschätzung. Oft kommen einzelne Verhaltensweisen auch nur in speziellen Situationen, zum Beispiel wenn du unter Stress stehst, zum Vorschein.

11. Das Ziel ist, sich der positiven, aber auch negativen Aspekte bewusst zu werden und sie im täglichen Leben aktiv zu erkennen. Damit wird es dir möglich, die positiven Eigenschaften auszubauen und die negativen bewusst wahrzunehmen und anschliessend in das positive Gegenstück zu transformieren.

Als weiterführenden Schritt formulierst du deine Werte schriftlich aus.

Nimm die Erkenntnisse aus der vorherigen Übung und ergänze diese, falls nötig mit anderen, für dich wichtigen Werten.

Als Anhaltspunkt kannst du folgende Beispiele verwenden, die aber natürlich nicht abschliessend sind.

Glaubwürdigkeit	Spitzenleistung
Ausgeglichenheit	Gerechtigkeit
Hingabe	Vertrauen
Einsatzbereitschaft	Familie
Mitgefühl	Freiheit
Anliegen von anderen teilen	Freundschaft
Mut	Grosszügigkeit
Kreativität	Echtheit
Einfühlungsvermögen	Glück
Beharrlichkeit	Respekt (anderen gegenüber)
Sicherheit	Gelassenheit
Harmonie	Gesundheit
Aufrichtigkeit	Humor
Integrität	Liebenswürdigkeit
Wissen	Loyalität
Offenheit	Verantwortung
anderen dienen	

Nimm nun alle für dich relevanten Werte und formuliere sie in einem Satz aus. Du kannst auch mehrere Stichworte in einem Satz verarbeiten. Beziehe auch das «Warum» mit ein.

Zwei Beispiele sollen zur Veranschaulichung dienen:

- «Ich begegne jedem Menschen mit Hochachtung und Respekt, versuche stets das Gegenüber zu verstehen und speziell bei schwierigen Begegnungen, keine voreiligen Schlüsse zu ziehen. Im Zweifelsfall frage ich nach, auch wenn es unangenehm ist.»
- «Ich verstelle mich nicht. Ich bin ehrlich zu mir selber und ebenso gegenüber anderen. Ich verhalte mich berechenbar, halte meine Versprechen und bin aufrichtig was meine Taten und Aussagen betrifft. Damit erschaffe ich eine Umgebung des Vertrauens, welche mich in beruflichen wie privaten Angelegenheiten unterstützt, meine Ziele zu erreichen.»

Meine Werte:

Führe dir deine Werte immer wieder vor Augen, verinnerliche sie und lebe danach. Natürlich darfst du auch jederzeit Formulierungen anpassen, Werte dazu nehmen oder streichen. Du veränderst dich ständig, somit auch deine Weltanschauung und deine Werte.

Du willst immer das, was du nicht hast.

Ein spannendes Phänomen. Ist dir auch schon aufgefallen, dass du immer das haben willst, was du nicht hast? Zumindest bin ich sicher, dass es vielen Leuten so geht.

Auch wenn du in einer glücklichen Partnerschaft lebst oder gar Familie hast, wünschst du dir doch ab und zu, wieder Single zu sein. Toll, eine solche Flexibilität und Unabhängigkeit. Du kannst tun und lassen, was du willst, brauchst keine Rücksicht auf andere zu nehmen. Du finanzierst nur dich selbst und gibst dein Geld für genau das aus, was du möchtest.

Bist du allerdings Single, wünschst du dir nichts sehnlicher als eine bereichernde Beziehung. Dein Leben mit einem liebenswerten Partner zu teilen, ist doch viel schöner, als sich alleine durchzuwursteln. Vielleicht sogar eine Familie gründen, mit einem oder mehreren süssen Babys. Wäre das schön.

Solche Wünsche sind Zeichen einer Dysbalance in deinem Leben. Es fehlen dir bestimmte Dinge, die dir wichtig sind.

Diese Situation zu lösen, ist nicht immer einfach. Wenn du es schaffst, auf diese Gefühle zu hören und deren Ursache zu ergründen, kannst du Massnahmen ergreifen, um die Balance wiederherzustellen.

Wenn du Single bist, du aber niemanden hast, der dich liebt und für dich da ist, gibt es verschiedene Möglichkeiten. Eine Variante besteht darin, dass du an dem Grund arbeitest, wieso du noch niemanden gefunden hast. So hart es tönt, aber es liegt an dir. Nicht an anderen.

Eine zweite Möglichkeit ist, dass du doch keine Beziehung eingehen willst, weil dir dein Single-Leben gefällt, du dich aber ab und zu einsam fühlst. Dann könnte ein Engagement in einem Verein helfen, der dir entsprechende soziale Kontakte ermöglicht. Oder du legst dir ein Haustier zu. Bei den meisten mit diesem Bedürfnis ist es ein Hund. Suchst du eine Beziehung, halte also Ausschau nach Singles mit Hunden.

Das gilt natürlich für alle Lebensbereiche. Du wünschst dir ein grösseres Haus oder eine grössere Wohnung mit mehr Platz. Hast du die grössere Wohnung, findest du es zu Beginn toll. Nach einer Weile möchtest du wieder eine kleinere, weil die grosse so viel mehr Zeit zum Putzen erfordert.

Finde heraus, was dahintersteckt.
Was würdest du machen, wenn du nicht putzen müsstest?
Wie kannst du die verloren geglaubte Zeit besser für dich nutzen?

Zum Beispiel, indem du ein Hörbuch hörst, eine Sprache lernst oder das Fitnessprogramm mit deiner Reinigungs-Routine kombinierst?

Vielleicht kannst du auch einen Putzplan erstellen, mit dem die Reinigungsarbeit mit deinem Partner oder in der Familie gerecht verteilt wird. Vielleicht schaffst du dir einen Reinigungsroboter an oder stellst eine Haushaltshilfe ein.

Es gibt für jedes Problem kreative Lösungen. Denke also stets lösungsorientiert, nicht problemorientiert.

Das Gegenüber verstehen

Eine der mächtigsten und spannendsten Veränderungen in meinen Glaubenssätzen und Gewohnheiten, die ich durchgemacht habe, ist die Schaffung von mehr Toleranz und die Öffnung für andere Ansichten.

Früher habe ich sehr oft Situationen und Menschen ohne tiefere Kenntnisse der Situation in eine Schublade gesteckt und bewertet.

Auf unserer Reise habe ich meine limitierenden Gedanken zum ersten Mal als solche registriert und hinterfragt. Seither versuche ich, Menschen und Situationen möglichst neutral zu begegnen und mehr darüber zu erfahren. Natürlich bewerte ich auch. Aber nicht voreilig. Das Tolle an diesem Vorgehen ist, dass oft Aspekte auftauchen, die ich vorher im Traum nicht hätte erahnen können. Und so geben dann Aussagen oder Reaktionen plötzlich Sinn, die ich früher bereits voreilig abgestempelt hätte.

Dieses Vorgehen erweitert meinen Horizont ungemein. Ich treffe weniger Annahmen und erhalte im Gegenzug wertvolle Informationen, die mich in meinem Leben weiterbringen.

Das ist auch ein Grund dafür, dass ich meinen Nachrichtenkonsum extrem reduziert habe. Provokative Schlagzeilen verleiten uns dazu, eine Begebenheit schnell in eine Box zu stecken, in die sie bei näherer

Betrachtung eigentlich nicht gehört. Es gibt so viele Wahrheiten auf der Welt, wie es Menschen gibt. Und eine Zeitung zu lesen und allen Aussagen auf den Grund zu gehen, ist schlicht nicht möglich.

Folgende Feststellung hat mein Leben verändert:

Wärst du er (oder sie), würdest du genauso agieren und reagieren, wie er (oder sie) es tut.

Das bedeutet nichts anderes, als dass jeder das Resultat seines bisherigen Lebens ist. Eine Person hat gar keine andere Wahl, als so zu handeln, wie sie es tut. Hättest du dieselbe Kindheit gehabt, dieselben Erfahrungen gesammelt, dasselbe Leben gelebt, würdest du genauso agieren wie dein Gegenüber es tut.

Wenn du diese Tatsache verinnerlichst, kannst du viel besser auf bestimmte Situationen reagieren und diese hinterfragen oder Abstand dazu nehmen.

Ein Beispiel:

Du siehst, wie ein Kind von seinem Vater geschlagen wird. Natürlich gibt es auch Mütter, die ihre Kinder schlagen. Wir nehmen für das Beispiel den Vater.

Das Erste, was du wahrscheinlich denkst, ist: «Was für ein Rabenvater. Was für ein Arschloch. Den sollte man einsperren. Kinder schlagen, geht gar nicht …», oder so ähnlich.

Du hast jedoch keine Ahnung, was dazu geführt hat. Du kennst den Hintergrund der Geschichte nicht. Was hat der Vater in seinem Leben durchgemacht? Wurde er selbst geschlagen und kennt keine andere Möglichkeit, als ebenso zu handeln? Ist er in einem von Hass erfüllten Umfeld aufgewachsen? Hat er kürzlich seinen Job verloren, ist er tief frustriert und hat sich nicht mehr unter Kontrolle? Hat das Kind zuvor den Vater geschlagen und er hat «nur» zurückgegeben?

Nicht dass du mich falsch verstehst: Ich billige das Schlagen von Kindern in keiner Weise. Egal aus welchem Grund. Ich möchte nur dieses provokative Beispiel nehmen, um die Problematik besser darzustellen.

Du triffst Annahmen (und meist die falschen), wenn du einer Situation begegnest. Ziehe also keine voreiligen Schlüsse, sondern versuche, den Hintergrund zu erfahren. Das wird dich bereichern und positive Gefühle in dir stärken.

Frage nach einer Lösung

Eine weitere Gewohnheit, die ich mir antrainiert habe (und noch immer antrainiere), ist, kein «geht nicht» zu akzeptieren, wenn es wichtig für mich ist. Es gibt immer eine Lösung. Früher war das anders. Früher habe ich ein Nein akzeptiert und bin unverrichteter Dinge dahingezogen. Natürlich gibt es Situationen, die sich nicht sofort oder wie gewünscht lösen lassen. Öfters, als man glaubt, gibt es aber doch Lösungen. Vielfach sind es einfachere, als zunächst gedacht.

Ich frage also bei Antworten wie: «Das geht leider nicht», «Tut mir leid, aber ...», nach einer Lösung für das Problem oder Bedürfnis.

Vor einiger Zeit wollte ich ein Paket in einem Paketshop in Deutschland abholen. Der nette Herr meinte nach der Vorweisung meines Schweizer Personalausweises: «Das geht nicht. Wir benötigen seit neustem von Schweizern den Reisepass, weil nicht EU. Den Personalausweis können wir nicht mehr akzeptieren.» Ich war perplex. Wie jetzt?

Die Situation war insofern schwierig, als ich keine Möglichkeit hatte, innert nützlicher Frist den Pass zu organisieren und erneut zum Paketshop zu fahren, bevor das Paket zurückgesendet worden wäre.

So nahm ich die Situation nicht einfach hin. Früher wäre ich unverrichteter Dinge wieder gegangen. Nun fragte ich aber: «Gibt es gar keine Möglichkeit, das Paket zu bekommen?» Der Herr hinter dem Tresen hatte Verständnis, konnte seine Richtlinien aber nicht umgehen und damit seinen Job aufs Spiel setzen. Er meinte nur: «Nein, ich kann nur noch die Passnummer eintragen im System. Ich brauche die.»

«Sie brauchen also eigentlich nur die Passnummer. Reicht es, wenn ich den Pass digital habe?», frage ich. Der Kollege meinte nur: «Ja, das geht schon.» Und unser beider Problem war gelöst. Ich kramte mein Smartphone hervor und suchte den eingescannten Pass mit der so wichtigen Nummer. Ich bekam mein Paket rechtzeitig und er hatte eines weniger zu verwalten.

Manchmal liegt die Lösung nicht auf der Hand. Mit etwas gutem Willen und Hartnäckigkeit kommt man aber öfters zum Ziel als gedacht.

Verlasse deine Komfortzone

Jeder Mensch hat eine (seine) Komfortzone.

Es gibt auch eine Komfortzone zwischen einem oder mehreren Menschen. Diese hängt von den Umständen ab. Du kennst das. Begegnest du jemand neuem und der kommt dir zu nahe, fühlt sich das komisch an. In unserem Kulturkreis beträgt diese Wohlfühl-Distanz knapp einen Meter. Das ist etwa der Abstand, der bei einem gegenseitigen Handschlag zwischen zwei Personen liegt.

Bist du jedoch Teil einer gedrängten Menschenmenge, ist die Wohlfühl-Distanz viel kürzer. Nur wenige Zentimeter.

Die Komfortzone von anderen solltest du respektieren, sonst fühlt sich dein Gegenüber in die Ecke gedrängt. Stehe also nicht extra sehr nahe neben jemandem, wenn genügend Platz da ist.

Deine eigene Komfortzone ist deine mentale Komfortzone. In dieser Zone sind alle Dinge, die du gut kannst, regelmässig tust und über die du dir keinen Kopf machst, was eigentlich alles hineingehört.

Ausserhalb dieser Komfortzone sind Dinge, die Unbehagen, Angst und Unsicherheit auslösen, wenn du daran denkst.

Der innere und äussere Bereich ist bei jedem Menschen unterschiedlich. Die einen haben einen eigenen YouTube-Kanal und lieben es, vor der Kamera zu stehen. Andere haben einen Graus davor, sich selbst aufzunehmen und das Video Millionen von Leuten zugänglich zu machen.

Viele Menschen bleiben ab einem bestimmten Alter in ihrer Komfortzone stecken und machen das, von dem sie wissen, dass sie es können. Kinder überschreiten ständig ihre Komfortzone, denn sie müssen sich auf das Leben ohne Eltern vorbereiten.

Deine Komfortzone spiegelt also deinen Werdegang und dein Leben wider. Du bist genau das, was du in deine Komfortzone gepackt hast.

Das bedeutet jedoch auch, dass du nicht weiterwachsen kannst, ohne die Komfortzone zu erweitern.

Und dafür gibt es zwei Möglichkeiten:

1. Du triffst bewusst die Entscheidung, etwas zu tun, das dich herausfordert und damit deine bestehende Wohlfühlzone erweitert. Denn wenn du etwas geschafft hast, kannst du es immer und immer wieder tun. Es ist dann Bestandteil deiner neuen Komfortzone.

2. Du wirst durch externe Einflüsse dazu gezwungen, deine Komfortzone zu verlassen, zum Beispiel, wenn dein Job oder deine Wohnung gekündigt wird.

Im zweiten Fall hast du den Vorteil, dass du dir keine zu grossen Gedanken machen kannst. Es sind Tatsachen, die dich zum Handeln zwingen. Anerkenne den Vorteil von solchen Ereignissen, auch wenn sie ungelegen an deiner Komfortzone anklopfen. Sie geben dir die Chance, deine Persönlichkeit weiterzuentwickeln und neue Erfahrungen zu sammeln.

Leute, die nicht von sich aus neue Herausforderungen suchen, werden daher ab und an zu ihrem Glück «gezwungen».

Falls du selbst die Tendenz hast, in deiner Komfortzone zu verharren, schaffe dir ein soziales Umfeld, das dich dabei unterstützt, immer wieder neue Dinge auszuprobieren.

Das Tolle ist, dass du keinen riesigen Schritt ins Ungewisse zu gehen brauchst, es reicht ein kleiner Schritt über die Grenze deiner Komfortzone. Dann noch einer und noch einer.

Deshalb ist es so wichtig, dass du für jede Entscheidung eine Aktion definierst (mag sie noch so klein sein), die du innert 48h umsetzt. Das Schwierigste dabei, einen neuen Weg einzuschlagen, ist es, den ersten Schritt zu gehen. Danach sind Körper und Geist in Bewegung und es geht automatisch weiter gerade aus.

Dieses Buch zu lesen, bringt dich wahrscheinlich noch nicht aus deiner Komfortzone heraus, die enthaltenen Übungen gewissenhaft durchzuarbeiten, schon eher. Also, geh' den ersten Schritt!

Mach' dein Ding

Wenn du dich entschieden hast, wohin deine Reise des Lebens geht, lass dich nicht von anderen zuquatschen. Nimm gut gemeinte Ratschläge ernst und bewerte andere Meinungen. Aber lass' dich nicht von Leuten, die keine Ahnung haben, von deinem Weg abbringen.

Wieso soll dir jemand von einer Weltreise abraten können, der noch nie selbst eine gemacht hat? Zu gefährlich? Woher weiss er das? Was bedeutet überhaupt «gefährlich»?

Wenn du andere Meinungen zu etwas haben möchtest, frag' also Leute, die selbst etwas Vergleichbares gemacht haben oder eine (für dich) qualifizierte Aussage treffen können.

Vermeide es, von Besserwissern deine Pläne schlecht reden zu lassen. Jeder kann tausend Gründe finden, wieso etwas nicht funktionieren wird oder schiefgeht.

Wenn du dir einen Spass machen möchtest, frag' doch bei einer Person, die dir negative Dinge einredet, direkt nach: «Wie kommst du zu dieser Aussage?»

Oft verstricken sie sich selbst in schwache Argumente und du merkst, dass eine weitere Diskussion nicht zielführend ist.

Es kann auch sein, das wider Erwarten die Person doch eigene Erfahrungen gemacht hat. Dann nutze diese. Frage, was passiert ist, weshalb sie negativ eingestellt ist und was sie denkt, wie sie es hätte anders machen können. Nimm diese Information und verwerte sie gewinnbringend für dich. Frage aber unbedingt auch nach den schönen oder guten Erlebnissen. Denn diese gab es bestimmt auch.

Führe Tagebuch

Einige Menschen lieben es, ein Tagebuch zu führen. Andere haben es noch nie versucht und können sich es auch nicht vorstellen. Zu viel Zeitverschwendung. Ich gehörte zur zweiten Sorte.

Doch je mehr ich mich mit mir selbst und meiner persönlichen Entwicklung beschäftigt habe, desto klarer wurde mir der positive Aspekt eines Tagebuches. Du brauchst auch keine Romane zu schreiben. Wenige Minuten reichen, um die Gedanken des Tages kurz zu notieren.

Dies hat viele Vorteile:

1. Zum einen verarbeitest du deinen Tag, sodass dein Gehirn in der Nacht weniger Geschehnisse verarbeiten muss, die dich emotional berührt haben. Das Resultat ist eine entspanntere Schlafphase. Damit einhergehend bist du am Morgen fit und ausgeruht.

2. Du kannst dir überlegen, was dir Freude oder Spass gemacht hat, was nicht und auf was du besonders stolz bist. Hältst du solche Informationen fest, entwickelst du mit der Zeit ein Gespür für das, was dich glücklich macht, und kannst dein Leben mehr in diese Richtung steuern.

3. Du kannst einfacher feststellen, ob deine Tagesaktivitäten die Erreichung deiner Ziele begünstigen oder nicht. Solltest du Dinge getan haben, die dich in die falsche Richtung lenken, erkennst du das besser und kannst gegensteuern.

4. Gehst du nach einiger Zeit deine Aufzeichnungen durch, ist es sehr spannend, rückblickend zu sehen, wie sich dein Leben entwickelt hat und ob du deine damals gesteckten Ziele umsetzen konntest.

Richte dich also an deiner Mission aus und führe ein Tagebuch. Prüfe regelmässig, ob du auf dem richtigen Weg bist.

Falls du aufgrund deiner Notizen merkst, dass du deine Mission oder den Weg dahin anpassen musst, kannst du dies jederzeit tun.

Ich kann dir empfehlen, eine separate «Glücks-Seite» in deinem Tagebuch einzurichten. Auf dieser fasst du mindestens einmal im Monat zusammen, was dir Freude und Glück gebracht hat. Gehe die einzelnen Tage kurz durch und finde Gemeinsamkeiten, um «Cluster» zu bilden. Gruppiere die einzelnen Notizen nach übergeordneten Themen oder Tätigkeiten, die dir Freude bereiteten und dich glücklich gemacht haben. So hast du eine noch bessere Übersicht, von was du mehr in deinem Leben haben solltest.

Sei dankbar

Falls du nicht ganz glücklich mit deinem Leben sein solltest und nur siehst, was du nicht hast, aber gerne hättest, versuche Dankbarkeit in dein Leben zu bringen.

Anstatt negative Gedanken und Gefühle auf Dinge zu lenken, die du nicht hast, konzentriere dich auf solche, die du hast und für die du dankbar bist.

Nimm dir ein leeres Blatt Papier und schreibe alles auf, was dir einfällt, für das du dankbar sein kannst. Das kann (vordergründig) etwas ganz Einfaches sein:

Das Buch, das du in der Hand hältst. Deine gesunden Augen, mit denen du dieses Buch lesen kannst. Deine Wohnung – egal wie gross oder klein sie ist –, die dir Sicherheit, Geborgenheit und Privatsphäre bietet. Es kann dein Bett sein, dass dir bequemen und erholsamen Schlaf ermöglicht. Freunde und Partner, die dich auffangen, wenn es dir mal nicht so gut geht.

Fange die Liste einfach an. Ich verspreche dir, sie wird lang werden und dir werden immer neue Dinge einfallen. Schreibe alles auf, was in deinem Kopf nach vorne rückt. Fahre einfach fort, solange du kannst. Dir wird es danach garantiert besser gehen!

Um deine Dankbarkeit zu manifestieren und dadurch immer mehr Dinge anzuziehen, die du dir wünschst, musst du dir eine neue Routine schaffen, eine Dankbarkeits-Routine.

Zähle jeden Tag morgens direkt nach dem Aufwachen und abends vor dem Einschlafen zwei bis drei Dinge auf, für die du an diesem Tag speziell dankbar bist. Optimalerweise schreibst du diese Gedanken auf. Zum Beispiel in deinem Tagebuch oder in deinem «Erfolgs-Planer» (siehe Seite 260).

Sobald diese Routine in eine Gewohnheit übergegangen ist, kannst du dich selbst herausfordern und dir vornehmen, nie dasselbe aufzuschreiben. Sei jeden Tag für andere Dinge dankbar.

Ängste

Jetzt, wo du konkret weisst, wohin deine Reise gehen soll, tauchen bestimmt Ängste und negative Stimmen auf, die sagen:

- Das geht doch nicht!
- Jetzt ist nicht der richtige Zeitpunkt!
- Du bist ja wahnsinnig!
- Das kann ich mir niemals leisten!
- Was passiert, wenn etwas schiefgeht?

Weisst du, woher diese Stimmen stammen?

Die kommen aus deinem Inneren, aber sie stammen nicht von dir. Sie stammen mit hoher Wahrscheinlichkeit von anderen Menschen und der Gesellschaft, in der du aufgewachsen bist und die dich geprägt hat.

Schau dir ein kleines Kind an. Es weiss nicht, was geht und was nicht. Es probiert aus. Funktioniert es nicht, versucht es einen anderen Weg. Funktioniert es immer noch nicht, gibt es vorerst auf und versucht es etwas später noch mal. Wir Erwachsenen sind diejenigen, die sagen: «Das geht nicht!», oder: «Das kannst du/kann ich nicht!».

Auch wenn ich es vermeide, solche Glaubenssätze bei meinen Kindern zu verankern, immer schaffe ich es auch nicht. Das Problem ist, dass wir Eltern einschätzen können, wann ein Kind motorisch und intellektuell in der Lage ist, bestimmte Dinge zu tun. Das führt dann zu solchen Aussagen wie: «Dafür bist du noch zu klein.» In der Praxis stimmt das auch. Aber dem Kind wird eingebrannt, dass es zu klein ist und deshalb Dinge nicht tun kann, die es eigentlich möchte. Das festigt sich und bleibt auch Jahre später tief in uns verankert. So ist es uns allen ergangen. Wir waren alle Kinder und hatten Eltern, die es nicht schlecht gemeint haben.

Es ist sehr wichtig, dies zu erkennen und für dich zu entscheiden, dass diese Aussagen nicht auf dich zutreffen.

Mache dir klar: Du kannst nichts für diese Überzeugungen. Diese Stimmen sind nicht deine.

Das führt mich zu meinem Lieblingssatz:

«Es gibt immer eine Lösung!»

Für eine grosse Angst, die in den meisten von uns aufkommt, wenn es um eine grössere Veränderung geht, sind Sicherheitsgedanken verantwortlich. Unser Umfeld leistet seinen Beitrag dazu, unsere Unsicherheit zu verstärken: «Wie kannst du nur deinen sicheren Job aufgeben!», «... und was machst du dann im Rentenalter?», «Denkst du auch an deine Kinder?».

Bist du ehrlich zu dir selbst und gehst nicht ganz naiv durchs Leben, musst du dir jedoch eingestehen, dass das Leben generell unsicher und unvorhersehbar ist.

Wer kann schon sagen, wann und wo sich die nächste Krise entwickelt, was sie auslöst, wo der nächste Krieg ausbricht oder ein Attentat stattfindet.

Wer weiss, ob du morgen beim Überqueren der Strasse überfahren wirst, oder ein Baum auf dich fällt?

Kannst du mit Sicherheit sagen, dass du hart Erspartes auf deinem Rentenkonto in einigen Jahren wirklich ausbezahlt bekommst? Und, falls ja, weisst du, wie viel Wert es dann noch hat?

Wir wissen nichts mit Sicherheit. Ausser, dass es keine Sicherheit gibt. Alles ist einem stetigen Wandel unterworfen.

Das sind genau die Dinge, von denen wir uns nicht abhalten lassen sollten, unser bestes Leben zu leben und durch unser Handeln glücklich zu werden sowie Glück zu verbreiten. Das heisst aber auch nicht, dass wir unsere Zukunft nicht beachten sollten. Es ist aber allemal besser, sich selbst um seine Zukunft zu kümmern und nicht dem Staat und dessen Strippenziehern zu viel Macht über das eigene Leben zu geben.

Kennst du Menschen, die nach der Devise: «Früher war alles besser, ich mag keine Veränderung», leben und arbeiten?

Das sind diejenigen, von denen du Sätze hörst wie: «Das muss so sein, das haben wir schon immer so gemacht.»

Bist du auch so ein Mensch? Wahrscheinlich nicht, denn du liest dieses Buch. Falls doch, verabschiede dich ganz schnell von dieser Überzeugung.

Menschen mit dieser Einstellung werden in unserer Gesellschaft – und speziell im Arbeitsleben – nicht weiterkommen. Zusätzlich blockieren sie Veränderungen. Reformen sind zugegebenermassen nicht immer positiv (wobei das natürlich stets im Auge des Betrachters liegt). Aber wir können uns Neuerungen nicht verschliessen. Alles ist stetig im Wandel. Unsere Körperzellen erneuern sich millionenfach jeden Tag. Und so entwickelt sich unser Universum und alles darin Enthaltene unaufhaltsam.

Daher bringt es nichts, wenn du dich gegen den technischen, gesellschaftlichen oder politischen Wandel stellst. Du stehst nur dir selbst im Weg. Die Leute, die dieses Prinzip verstanden haben, werden die Chancen nutzen, die Veränderungen mit sich bringen. Finde also stets das Positive im Wandel und nutze es zu deinem Vorteil. So bleibst du auf der Gewinnerseite.

Die Angst überwinden

Nachfolgend möchte ich dir einen Weg aufzeigen, wie du Ängsten und Unsicherheiten aktiv begegnen und sie zu deinem Vorteil nutzen kannst.

Stelle dir einfach folgende Fragen:

- Was macht mir Angst / wieso bin ich unsicher?
- Was ist der Hintergrund?
- Was ist notwendig, um die Angst zu überwinden?
- Mit welchen drei nächsten Schritten will ich beginnen?

Vielleicht ist es eine spezielle Situation, die du einfach für dich lösen musst. Das war's.

Viel öfters steckt aber auch hier eine negative Überzeugung respektive Erfahrung dahinter. Irgendetwas tief in dir löst die Angst aus.

Wenn du herausfindest, in welchen ähnlichen Situationen dasselbe Empfinden zum Vorschein kommt, kannst du daran arbeiten und die Angst an der Wurzel «behandeln».

EFT Tapping

Die «Emotional Freedom Technique» ist eine Methode, um Blockaden und Ängste zu lösen. Sie ist sehr einfach, aber enorm wirkungsvoll. Bereits nach 1–3 Durchgängen spürst du eine merkliche Verbesserung. Sie funktioniert auch wunderbar, um negative Gedankensätze loszuwerden.

Es handelt sich um eine «Klopf-Therapie», die du selbst durchführen kannst. Dabei klopfst du mit zwei bis drei Fingern auf Akupunkturpunkte an deinem Körper. Ich werde dir 10 davon gleich vorstellen.

Parallel dazu sprichst du einen Satz laut aus, wie:

«Auch wenn ich _____ bin/habe, liebe und akzeptiere ich mich voll und ganz, so wie ich bin.»

Du solltest den Sinn des Satzes beibehalten. Wichtig, wie bei allen Affirmationen ist es, keine negativen Wörter zu verwenden.

Die Trigger-Punkte, auf die du klopfst, liegen an folgenden Stellen:

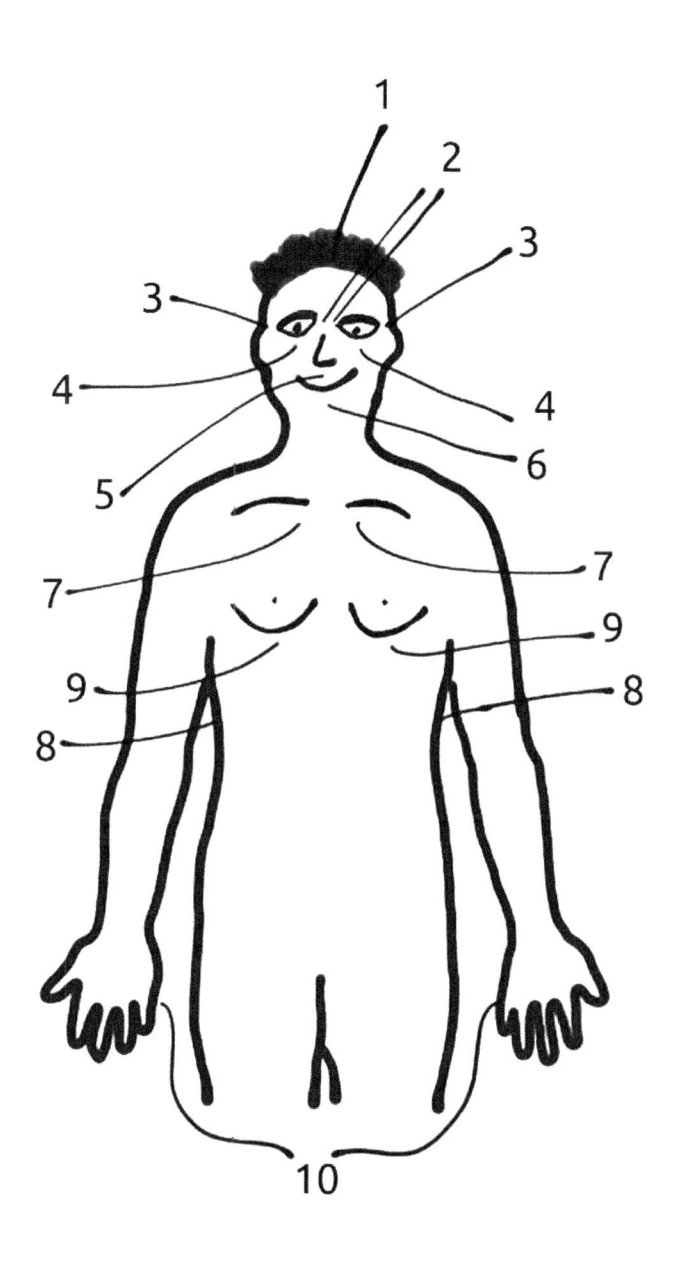

Abbildung 3: EFT-Tapping-Punkte

1. Der erste Punkt befindet sich mittig, oben auf deinem Kopf. An der höchsten Stelle sozusagen.
2. Der Augenbrauenpunkt befindet sich an der Nasenwurzel, zwischen den Augenbrauen.
3. Der seitliche Augenpunkt liegt auf dem Knochen an der Aussenseite des Auges.
4. Der Punkt liegt auf dem Knochen (dem Jochbein), den du unterhalb des Auges spürst, etwa auf der Achse der Pupille.
5. Der Punkt befindet sich in der Mulde unterhalb der Nase, die sich zwischen der Oberlippe und der Nase befindet.
6. Der Punkt befindet sich in der Kinnfalte, in der Mitte zwischen der Unterlippe und dem Kinn.
7. Zwei weitere Punkte sind beim Anfang des Schlüsselbeins. Du findest sie, wenn du von der Mulde unterhalb des Halses etwa 1–2 cm nach unten und dann 1–2 cm nach links respektive rechts tastest. Er befindet sich etwas unterhalb des Schlüsselbein-Knochens, wo das Schlüsselbein in das Brustbein übergeht.
8. Der «Unter-dem-Arm-Punkt». Er ist etwa 10 cm mittig unter der Achselhöhle. Bei Männern meist auf der Höhe der Brustwarze. Bei Frauen sitzt hier meist das Seitenteil des BHs.
9. Der Punkt unter der Brust. Als Mann findest du ihn ca. 2 cm unterhalb des Nippels. Bei Frauen liegt er am Ansatz des Busens, ebenfalls unterhalb des Nippels.

10. Der Karate-Punkt liegt auf der Aussenseite deiner Hände, etwa mittig zwischen dem Ansatz des kleinen Fingers und dem Handgelenk.

Gehe vom Punkt auf dem Kopf aus nach unten alle Tapping-Punkte durch. Sprich deinen Satz fünfmal pro Punkt in normaler Sprechgeschwindigkeit aus und klopfe dabei mit zwei Fingern auf den entsprechenden Punkt.

Das erste Mal fühlt sich das Ganze ungewohnt an. Du wirst aber schnell den Effekt spüren, wenn du es durchziehst.

Es gibt noch weitere ETF-Punkte und zusätzliche Übungen, um die Effizienz zu steigern.

Weitere Informationen, Links und Videos zu diesem Thema findest du unter deinwarum.com.

Erfolg in allen Lebensbereichen

Schauen wir uns an, wie du in den verschiedenen Lebensbereichen erfolgreich werden kannst.

Soziales und Gesellschaft

Gesellschaftliches Engagement bietet eine hervorragende Möglichkeit, Neues zu lernen, aus deiner Wohlfühlzone herauszukommen und neue Kontakte zu knüpfen.

Gute Beziehungen in Bereichen, die dich interessieren, helfen dir, deine Ziele schneller zu erreichen und erfolgreich zu sein.

Falls du dich noch nicht in einem Verein engagierst oder ein politisches Amt übernommen hast, überlege dir, was dich interessieren könnte.

Die Gemeinden führen Listen mit den örtlichen Clubs und Verbänden. Es kann durchaus auch ein Sportverein oder die freiwillige Feuerwehr sein.

Vereine sind stets auf der Suche nach neuen Mitgliedern und sind oft froh, wenn sich auch Neumitglieder schnell als Vorstand zur Verfügung stellen.

Beruflich sind Berufsverbände, lokale Unternehmer-Treffen oder Mastermind-Gruppen spannend. Du findest viele solcher Treffen auf meetup.com und kannst sogar selbst welche initiieren. Auch Supporter-Clubs erfreuen sich nach wie vor grosser Beliebtheit. Die bekannteren unter ihnen sind die Rotarier oder der Lions-Club.

Persönlichkeit

Wenn du erfolgreich(er) werden willst, ist dies eine Frage deiner Persönlichkeit. Ohne inneres Wachstum wirst du nicht weiterkommen als bis dahin, wo du aktuell stehst.

Die innere Welt kreiert die äussere Welt. Wenn deine Persönlichkeit nicht dazu in der Lage ist, mehr zu verdienen oder die Weltreise endlich anzugehen, wird es auch nicht passieren.

Du musst mit der Vergangenheit abschliessen, dich auf die Zukunft ausrichten und mentale Blockaden lösen.

Dies geht zum Beispiel mit regelmässiger Meditation. Falls grosse Blockaden und tief verwurzelte, schlechte Glaubenssätze vorhanden sind, können auch gezielte Coachings oder Retreats als Initialzündung helfen. Hier musst du eine für dich passende Methode finden. Von Atemtherapie bis zu überwachten Workshops mit halluzinogenen Mitteln wie LSD wird alles Mögliche angeboten.

Hobbys und Freizeit

Je mehr dein Leben mit deinen Wünschen und Zielen im Einklang steht, desto mehr verschwimmen die einzelnen Bereiche. Speziell zwischen Arbeit und Hobby wird die Trennlinie immer weicher und dünner. Das ist in Ordnung, denn wie man so schön sagt: «Wer seine Berufung lebt, muss nie wieder arbeiten».

Nimm dir trotzdem bewusst Zeit, um anderen Leidenschaften nachzugehen als denjenigen, die deinen Alltag vorgeben. Nimm dir Zeit für dich selbst und tue einfach das, nach dem dir gerade zumute ist.

Finanzen

Wenn «vermögend werden» eines deiner Hauptziele ist, beachte Folgendes:

Du kannst nur so viel Geld anziehen, wie du dazu bereit bist. Es gibt unterschiedliche Methoden, wie du auch als Angestellter vermögend werden kannst. Dabei kommt es natürlich darauf an, wie du vermögend definierst.

Grundsätzlich gibt es nur eine Möglichkeit, um «finanziell frei» zu werden. Finanziell frei bedeutet, dass du bis zum geplanten Lebensende nicht mehr arbeiten musst (also eine Tätigkeit ausführst, für die du bezahlt wirst) und deinen definierten Lebensstandard trotzdem finanzieren kannst.

Das geht nur als Investor. Du musst in der Lage sein, in Werte zu investieren, von deren Rendite du danach deinen Lebensunterhalt bestreiten kannst.

Das können Wertschriften sein oder auch physische Dinge wie Immobilien.

Die Möglichkeiten, wie du zum benötigten Kapital kommst, sind fast unendlich. Mit Sparen bist du meist limitiert, auch wenn du damit

Millionär werden kannst. Daher starten die meisten als Selbstständige und bauen sich mit der Zeit ein Unternehmen auf. Dieses wird dann verkauft oder wirft selbst genug Rendite ab.

Grosse Erbschaften können für dieses Ziel natürlich sehr hilfreich sein, sofern du das Erbe nicht gleich für Konsumgüter ausgibst!

Arbeit und Karriere

Eine oft zitierte Faustregel besagt, dass man innert 3–4 Jahren (oder 40'000 Stunden) Beschäftigung mit einem spezifischen Thema unter die 3 % der besten weltweit dieses Fachs aufsteigen kann. Ein weiterer Faktor ist, wie gut man sich selbst verkaufen kann. Die Besten verdienen häufig nicht am meisten, sondern diejenigen, die ihre Expertise besser verkaufen können. Dies gilt für Angestellte wie Selbstständige gleichermassen.

Du brauchst also nicht zu glauben, bei einem Richtungswechsel deine bisherige Karriere aufzugeben und bei null anfangen zu müssen. Falls du mit deiner aktuellen Situation nicht zufrieden bist, finde heraus, warum. Meist liegt es gar nicht am Job an sich. Vielfach sind einzelne Aufgaben oder eine falsche innere Einstellung schuld, welche den Gemütszustand pauschalisieren und eine generelle Unzufriedenheit auslösen.

Suche eine Herausforderung, welche deine bisherigen Fähigkeiten und Stärken nutzt und sich in einem neuen Gebiet gewinnbringend verwerten lässt.

Gesundheit und Fitness

Gesundheit ist Freiheit, denn Gesundheit und Fitness bilden einen der Grundpfeiler deines Erfolges. Hast du chronische Schmerzen, Krankheiten oder bist übergewichtig, fehlt dir die Energie, um durchzustarten.

Dein Körper ist dauernd damit beschäftigt, seine Grundanforderungen zu erfüllen und hat keine Reserven, um «zu wachsen».

Deshalb ist Sport und eine «gesunde» Ernährung so wichtig. Je fitter du bist, desto mehr Potenzial hast du auch für anderes und desto gesünder und älter wirst du.

Wenn du dich mit Ernährung beschäftigen möchtest, empfehle ich dir als Erstes den Film «The Game Changers» auf Netflix oder via gamechangersmovie.com anzuschauen.

Du bist nur dann in der Lage, ein Leben nach deinen Wünschen zu leben, wenn du gesund und körperlich fit bist.

Als ich mich in den letzten Jahren intensiver mit diesen Themen beschäftigt habe, ist mir erst bewusst geworden, wie wenig und wie schlecht wir als Kinder und in der Schule über gesundheitliche Zusammenhänge aufgeklärt wurden.

Es liegt in unserer Natur, aus unserer Kindheit Mitgegebenes einfach weiterzuführen. Es sind Gewohnheiten. Haben wir keinen Grund, diese zu ändern, tun wir es auch nicht. Doch auch wenn du dich gesund fühlst, ist es nicht falsch, sich mit deiner Gesundheit auseinanderzusetzen.

Änderungen an deinen Ess- und Trinkgewohnheiten vorzunehmen, zählt wohl zu den grössten Herausforderungen. Auch wenn du weisst, dass du weniger von diesem oder jenem zu dir nehmen solltest, um gesund zu bleiben, ist die Rückfallgefahr sehr gross. Wie schnell hast du doch ein Stück Kuchen gegessen oder das Eis, weil alle deine Freunde auch eins bestellt haben.

Die Problematik dabei ist: Für alle Lebensmittel und Getränke sind gesunde Alternativen vorhanden, aber man muss sich darum bemühen. Du findest sie nur selten in Supermärkten und kaum in Restaurants.

Die wichtigsten Tipps, die ich dir bezüglich der Ernährung mitgeben kann, sind die folgenden:

- Du kannst alles essen, es ist nur eine Frage der Menge. Viele von uns haben durch die ständige Verfügbarkeit von allem leider kein Gefühl mehr dafür, welche Mengen von was gesund für unseren Körper sind. Beschäftige dich mit dieser Frage. Und nimm vielleicht nicht gerade Empfehlungen und Studien der Lebensmittelindustrie als Grundlage.

- Nimm möglichst wenig raffinierten Zucker zu dir (respektive Lebensmittel, die welchen enthalten). Es gibt natürliche Süssstoffe, die genauso süssen.

- Esse viel weniger tierische Produkte, als der Durchschnittsbürger dies tut. Es gibt gute Gründe, wieso immer mehr Profisportler auf eine hauptsächlich vegane Ernährung umstellen und von tierischen Proteinen wegkommen.

- Beschäftige dich mit Vitaminen und Spurenelementen. Gehe nicht einfach davon aus, dass du mit einer «ausgewogenen Ernährung» genug von allen wichtigen Bausteinen zu dir nimmst. Falls möglich, mache einen medizinischen Test, der dir aufzeigt, wo du Mängel hast. Leider enthalten Gemüse, die du im Supermarkt kaufen kannst, nur noch etwa 30 % der Vitamine, die sie noch vor 30 Jahren enthielten. Der «Bodenausbeutung» sei Dank. Und wenn du dieses Gemüse auch noch kochst, bleibt nichts mehr übrig. Ein Dampfgarer zum Beispiel ist eine tolle und lohnenswerte Anschaffung.

- Trinke möglichst wenig Alkohol. Und wenn, dann verzichte darauf mindestens drei Stunden vor dem Schlafengehen.

- Rauche nicht. Auch keine E-Zigaretten.

- Beschäftige dich mit deinem Schlaf, besonders, wenn du Schlafstörungen hast, d. h. wenn du oft lange wach liegst am Abend, öfters aufstehst in der Nacht oder dauernd müde bist. Ich kann dir diesbezüglich das Buch «The Power of When»[6] empfehlen.

---

[6] The Power of When. Dr. Michael Breus. ISBN 978-1785040450.

Falls du deinen Körper zu einer Erfolgsmaschine machen möchtest, beschäftige dich mit dem Begriff «Bio Hacking» und mit den Büchern des Schöpfers dieses Begriffes: Dave Asprey.

Falls du ein paar Kilos zu viel mit dir herumträgst, habe ich ein Geheimrezept für dich. Damit kannst du sofort loslegen und deinem überzähligen Gewicht Lebewohl sagen. Wenn du diese fünf Punkte berücksichtigst, brauchst du nicht extra ein Abnehm-Buch zu lesen.

1. Diäten können nicht funktionieren, solange du wieder in alte Gewohnheiten zurückfällst. Es ist die veränderte Ernährungsgewohnheit, die den Erfolg bringt.
2. Wer mehr Energie (= Kalorien) verbrennt, als zu sich nimmt, nimmt ab.
3. Muskelmasse verbrennt mehr Energie als Fettmasse.
4. Bist du ein «Spät-Esser» oder «Abend-Snacker», nimmst du automatisch ab, wenn du während einer mindestens 12-Stunden-Periode pro Tag nichts isst. Der Mitternachts-Snack ist Gift für deine Linie!
5. Du kannst Fett nur sehr beschränkt gezielt an bestimmten Stellen abbauen. Es gibt zwar Trainings-Ansätze, um die Fettverbrennung in bestimmten Körperregionen zu fördern. Grundsätzlich funktioniert die Fetteinlagerung bei jedem Menschen jedoch unterschiedlich. Dementsprechend werden auch die Fettreserven wieder unterschiedlich aufgelöst. Daher ist eine Konzentration auf bestimmte Regionen für die meisten Menschen nicht zielführend.

Ich habe selbst als junger Erwachsener über 15 kg abgenommen und seither mein Gewicht halten können.

Auch habe ich mich in den letzten Jahren intensiv mit Gesundheit, dem Körper und Ernährung beschäftigt. So komme ich auch mit wenig Sport aus und kann mein Gewicht trotzdem halten. Ein grossen Anteil hat hier eine angepasste Essensgewohnheit.

Ich kann dir nur anraten, dir entsprechendes Wissen anzueignen. Viele von uns machen sich keine Gedanken, was gute Gesundheit und Ernährung ausmacht und glauben das, was (gewinnorientierte) Unternehmen oder Bundesämter empfehlen. Glaubst du wirklich, dass die Kindermilchschnitte gesund ist?

Ein durchschnittlicher Erwachsener ohne viel Bewegung (Bürojob) verbraucht übrigens 1800–2500 Kilokalorien Energie pro Tag. Der Bedarf hängt von Geschlecht, Grösse und Körperbau ab. Bei fast allen Lebensmitteln steht auf der Packung der Energiewert des Inhalts. Du kannst also ganz einfach überschlagen, ob du mit deinem Tagesbedarf darunter oder darüber liegst. Dazu brauchst du kein Punktesystem wie bei den Weight-Watchers. Deren Konzept besteht übrigens nichts in nichts anderem als Kalorienzählen und ist daher eines der wenigen, die nachhaltig funktionieren, sofern man ihre Produkte kauft und schön die Punkte zählt.

Beziehungen und Partnerschaft

Deine Beziehungen sind bewiesenermassen (siehe Seite 118) sehr wichtige Aspekte, um langfristig glücklich zu sein. Fühlst du dich einsam, nicht gebraucht oder nicht geliebt, kann dies Depressionen auslösen und später auch zu physischen Problemen führen.

Falls du das Gefühl hast, zu wenig in wertvolle Beziehungen «einzuzahlen», überlege dir, wie du dies ändern kannst.

Beziehungen sind wie Konten. Du musst zuerst in die Beziehung investieren und einzahlen, bevor du etwas zurückbekommst. Du solltest auch darauf achten, dass deine Beziehungs-Konten nie leer sind. Achte immer auf ein Guthaben zu deinen Gunsten.

Ist eines deiner Beziehungs-Konten zu viel überzogen, leidet die Beziehung oder geht gar in die Brüche.

Dies gilt im Übrigen nicht nur für Partnerschaften und Liebesbeziehungen, sondern für alle möglichen sozialen Verbindungen, auch solche zu deinen Freunden oder Arbeitskollegen.

Lebenssituation

Für die Umsetzung deiner gewünschten Lebenssituation, also der Verhältnisse, wo und wie du leben möchtest, benötigst du die anderen Bereiche als Fundament. Möchtest du in einem grossen Haus am Meer leben, brauchst du die finanziellen Möglichkeiten und/oder Beziehungen.

Ist dein Wunsch, mit deiner Familie auf Reisen zu gehen, benötigst du entsprechende finanzielle Reserven oder Einkommensquellen, die mit deinem Vorhaben vereinbar sind.

Hier ist deine Kreativität und dein Mindset gefragt. Es gibt keine allgemeingültige Empfehlung. Du musst für dich und deine Situation die beste Variante erkennen und umsetzen.

Was du für den Erfolg brauchst

Kommen wir zum «Was». Was brauchst du und was musst du machen, um deine Lebensträume zu verwirklichen und dein Wunschleben leben zu können?

Dazu brauchst du:

- Ziele
- Fokus
- Energie
- Zeit

Zuerst werden wir nun Ziele aus den erarbeiteten Wünschen ableiten. Danach erfährst du einige Methoden und Gedankenanstösse, wie du deine Ziele effizient erreichst.

Konkret geht es darum, ein System zu kreieren, mit dem du effizient deine Ziele verfolgen kannst. Folgende fünf Punkte bilden die Grundlage:

1. Erhöhung deiner persönlichen Energie.
2. Schlechte in gute Gewohnheiten umwandeln.
3. Verständnis für «Zeit» schaffen.
4. Die wichtigsten Methoden kennen, um effizient zu sein.
5. Werkzeuge anwenden können, um dein Leben optimal zu strukturieren.

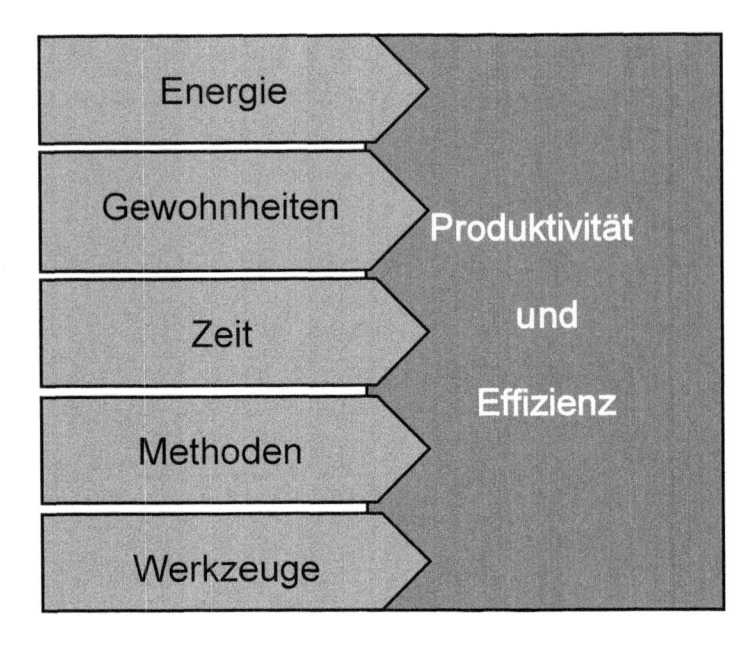

Abbildung 4: Die 5 Faktoren für Effizienz

Schritt 4:
Ziele setzen

Definiere konkrete (Zwischen-)Ziele, um deine Vision in die Tat umzusetzen.

Du hast nun deine Vision und deine Mission gefunden sowie die Fragen danach beantwortet, was und wieso du etwas erreichen willst. Ebenfalls kennst du deine Werte und weisst, in welche Richtung dein Leben künftig steuern soll.

Wahrscheinlich bist du je nachdem, wie gross deine Diskrepanz zwischen heute und deiner Wunschvorstellung ist, ziemlich überfordert. Du hast keine Ahnung, wie du dein Wunschleben jemals umsetzen und deine Passionen leben kannst.

Deshalb brauchst du Zwischenziele, also Dinge, die du erreichen kannst, die nicht so überwältigend sind und eher in deinem Vorstellungsvermögen Platz haben.

Wichtig ist jedoch, dass alle Ziele mit deinem Endziel im Einklang stehen. Das gilt bis auf einzelne Tagesaufgaben heruntergebrochen.

Machen wir uns also daran, die Ziele zu definieren.

3-Jahres-Ziele

Überlege dir für jede deiner «Top 5»-Passionen ein 3-Jahres-Ziel, das du erreichen möchtest.

Definiere auf den folgenden Seiten zu jeder Passion folgende Fragen:

Ist

Die innere Überzeugung. Wo stehst du im Moment?

Was für Glaubensvorstellungen hast du zu diesem Thema? (Keine Zeit, kann ich nicht, …)

Was

Vision. Was wünschst du dir in diesem Bereich? Was möchtest du in drei Jahren erreicht haben?

Wieso

Der Grund. Wieso möchtest du das eigentlich? Was ist der Hintergrund deines Wunsches?

Wie

Die Strategie. Ideen, wie du dein Ziel erreichen könntest.

Leidenschaft 1: _____

IST	WAS?
WIESO?	**WIE?**

Leidenschaft 2:_____

IST	WAS?
WIESO?	**WIE?**

Leidenschaft 3:_____

IST	WAS?
WIESO?	WIE?

Leidenschaft 4:_____

IST	WAS?
WIESO?	**WIE?**

Leidenschaft 5: _____

IST	WAS?
WIESO?	WIE?

Jetzt, wo du weisst, wohin die Reise gehen soll, überlegst du dir, wie du reisen willst.

Vielleicht konntest du im Feld «WIE?» bereits einige Ideen niederschreiben, wie du dein Ziel erreichen kannst.

Nun geht es darum, für die nächsten 12 Monate konkret zu definieren, an was du arbeiten möchtest.

12 Monate sind deshalb gewählt, weil du in dieser Zeit unglaublich viel erreichen kannst, wenn du konzentriert darauf hinarbeitest.

Ein 12-Monats-Ziel kann ein Zwischenziel zur Vision in 3 Jahren sein, aber auch bereits die Umsetzung eines Ziels, das du als 3-Jahres-Vision definiert hast. Das kommt auf den Umfang und die Machbarkeit an.

Ein Beispiel:

Wenn du bis in drei Jahren dein Wunschgewicht erreichen willst und dafür 20 kg abnehmen musst, kannst du dies in 3 Jahren, aber auch in einem Jahr erreichen. Wenn du dies bereits nach einem Jahr erreicht hast, umso besser. Dann ist der erste Wunsch bereits in Erfüllung gegangen. Das motiviert dich umso mehr, die weiteren Visionen umzusetzen.

Wenn du dir zum Ziel setzt, bis in 3 Jahren Einkommensmillionär zu werden, ist dies (je nachdem, wo du stehst) nicht realistisch, bereits nach 12 Monaten zu erreichen. Hier könnte ein Zwischenziel helfen. Dann erkennst du auch sofort, ob du auf dem richtigen Weg bist.

12-Monats-Planung

Welches sind die wichtigsten 3–4 Ziele aus der vorherigen Übung?

Fokussiere dich auf nur 3–4 Dinge, sonst verlierst du den Fokus. Nehme lieber das nächste Ziel dazu, sobald du eines erreicht hast.

Das heisst: Du brauchst nicht zwingend Ziele zu jeder deiner fünf Leidenschaften zu definieren. Es können auch mehrere Ziele sein, die eine (deine wichtigste?) Leidenschaft vorantreiben.

Du entscheidest selbst, welche Ziele in den nächsten 12 Monaten welche Priorität haben. Wichtig ist nur, dass sie mindestens eine deiner Leidenschaften begünstigen.

Schreibe auf der nächsten Seite kurz auf, welche der wichtigsten 3 bis 4 Dinge du in 12 Monaten umgesetzt haben möchtest, welche die Erreichung der 3-Jahres-Ziele begünstigen.

Berücksichtige aber, dass du, wenn du geschäftlich, fachlich oder finanziell wachsen möchtest, auch persönlich «mitwachsen» musst.

①	
②	
③	
④	

Spezifiziere nun jedes Ziel auf den folgenden Seiten ganz genau und messbar!

Name des Ziels:
Beschreibe konkret, WAS du erreichen willst:
Ist dieses Ziel für die Erreichung deiner Vision relevant?
Woran erkennst du, dass du das Ziel erreicht hast?
Bis wann (Datum) willst du das Ziel erreicht haben?
Unter welchen Voraussetzungen ist die Erreichung realistisch?
Wie prüfst du den Fortschritt zur Erreichung?
Wie und wann belohnst du dich bei Zielerreichung?
Was sind die nächsten drei Schritte, die du erfüllen musst, um das Ziel zu erreichen?
1.
2.
3.

Name des Ziels:
Beschreibe konkret, WAS du erreichen willst:
Ist dieses Ziel für die Erreichung deiner Vision relevant?
Woran erkennst du, dass du das Ziel erreicht hast?
Bis wann (Datum) willst du das Ziel erreicht haben?
Unter welchen Voraussetzungen ist die Erreichung realistisch?
Wie prüfst du den Fortschritt zur Erreichung?
Wie und wann belohnst du dich bei Zielerreichung?
Was sind die nächsten drei Schritte, die du erfüllen musst, um das Ziel zu erreichen?
1.
2.
3.

Name des Ziels:
Beschreibe konkret, WAS du erreichen willst:

Ist dieses Ziel für die Erreichung deiner Vision relevant?

Woran erkennst du, dass du das Ziel erreicht hast?

Bis wann (Datum) willst du das Ziel erreicht haben?

Unter welchen Voraussetzungen ist die Erreichung realistisch?

Wie prüfst du den Fortschritt zur Erreichung?

Wie und wann belohnst du dich bei Zielerreichung?

Was sind die nächsten drei Schritte, die du erfüllen musst, um das Ziel zu erreichen?
1.
2.
3.

Name des Ziels:
Beschreibe konkret, WAS du erreichen willst:

Ist dieses Ziel für die Erreichung deiner Vision relevant?

Woran erkennst du, dass du das Ziel erreicht hast?

Bis wann (Datum) willst du das Ziel erreicht haben?

Unter welchen Voraussetzungen ist die Erreichung realistisch?

Wie prüfst du den Fortschritt zur Erreichung?

Wie und wann belohnst du dich bei Zielerreichung?

Was sind die nächsten drei Schritte, die du erfüllen musst, um das Ziel zu erreichen?
1.
2.
3.

Der Aktionsplan

Erstelle jetzt einen Aktionsplan, um nach und nach auf deine Jahresziele hinzuarbeiten.

Starte mit den ersten drei Aufgaben, die du dir überlegt hast und terminiere diese gleich in deinem Kalender!

Falls diese Schritte erneut in kleinere Aufgaben aufgebrochen werden sollen, kannst du das natürlich machen. Wichtig ist einfach, dass du weisst, wann du mit was startest.

Es ist natürlich, dass sich auf einer solchen Reise Dinge verändern. Du wirst feststellen, dass deine Überlegungen unkonkret waren, dass du einen Umweg machen musst, um ein Ziel zu erreichen, oder es doch nicht das ist, was du möchtest.

Das ist alles in Ordnung, solange du dich auf deine Leidenschaft fokussierst und dich nicht von Dingen ablenken lässt, die du nicht machen möchtest oder die dich deinem Ziel nicht näher bringen.

Schritt 5: Fokus

Hier schauen wir uns an, wie du den Fokus behalten kannst, um deine Ziele nicht aus den Augen zu verlieren.

Fokus ist die ungeteilte Aufmerksamkeit und Ausrichtung auf dein Ziel. Verlierst du den Fokus und verzettelst dich in all den anderen Möglichkeiten, die das Leben bringt, wirst du das Ziel nicht oder sehr spät erreichen.

Er ist einer der wichtigsten Faktoren, um effizient zu sein. Bist du nicht fokussiert, sondern ständig abgelenkt, vergibst du viel Zeit, die du besser hättest einsetzen können.

Einen starken Fokus zu haben, ist auf verschiedenen Ebenen möglich und notwendig.

Fokussierst du dich auf der spirituellen Ebene nicht auf deine Werte und deine Lebens-Vision, verbringst du zu viel Zeit mit Dingen, welche dich nicht zum Ziel führen. Im schlechtesten Fall führen sie dich sogar weiter weg vom eigentlichen Ziel.

Auf kurzfristige Sicht musst du fokussiert arbeiten können. Ablenkungen kosten viel wertvolle Zeit. Studien haben gezeigt, dass man bei grösseren, konzentrierten Denkarbeiten fast zwanzig Minuten braucht, um sich nach einem Unterbruch wieder komplett hineinzudenken. Auch wenn du nur die Hälfte brauchst: Wirst du alle zehn oder zwanzig Minuten bei deiner Arbeit gestört, kommst du fast gar nicht voran.

Es folgen einige Tipps, wie du auf den verschiedenen Ebenen deinen Fokus trainieren und behalten kannst.

Die Feinde des Fokus

Ablenkungen sind allgegenwärtig und eine der grössten Gefahren, die dich von der Umsetzung deiner Ziele abhalten.

Deshalb identifiziere und eliminiere alle Ablenkungen, soweit du kannst.

Verkaufe deinen Fernseher

Schon einige Wochen, bevor wir zu unserer Reise aufbrachen und unser Haus abgeben mussten, haben wir uns von vielen Dingen getrennt, so auch von aller Elektronik, die wir nicht mitnehmen konnten. Darunter befand sich der Fernseher mit Sound-Anlage.

Zuvor sind wir abends, kaputt von der Arbeit, wie fremdgesteuert automatisch vor dem Fernseher gesessen, haben wahllos herumgezappt und unwichtige Sendungen geschaut. Wir haben kaum miteinander gesprochen und haben unserem stressigen Alltag die Schuld gegeben. Mit dem Verkauf unseres Fernsehers hat sich dieses Verhalten extrem verändert. Viel eher sind wir zusammengesessen und haben gesprochen, weitere Vorbereitungen getroffen, ein Buch gelesen oder einfach gekuschelt.

Seit diesem Zeitpunkt hatten wir keinen Fernseher mehr und das ist bis heute so. Das bedeutet nicht, dass wir nie «fernschauen». Ich selbst schaue allerdings keine Serien mehr und höchst selten einen Spielfilm. Wenn, dann tue ich das lieber als Freizeitbeschäftigung im

Kino. Aber ich schaue regelmässig für mich interessante und relevante Beiträge und Dokumentationen auf YouTube oder Netflix. Dafür brauchen wir keinen Fernseher, der als zentrales Element im Wohnzimmer steht und geradezu darum bittet, eingeschaltet zu werden.

Das bringt mich zum nächsten Punkt:

Konsumiere keine Tagesnachrichten

Seit mehreren Jahren bin ich auf Medien-Detox. Weder höre noch sehe ich mir Tagesnachrichten an. Ich habe auch keine News-App und lese auch keine Pendlerzeitung. Ich verwende einen speziellen Online-Dienst, über den ich mir für mich relevante Themen und Quellen abonniere und ab und zu durchkämme. Wichtige soziale und politische Geschehnisse bekomme ich über mein Umfeld mit.

Ich mag Medien und Medienschaffende. Das ist auch ein Teil meines Berufes und ich war auch selbst im Fernsehen zu sehen. Leider ist es so, dass uns Menschen schlechte Nachrichten besser verkauft werden können als gute. Schlechte Nachrichten allerdings behindern uns in unserer positiven Entwicklung und bringen in den meisten Fällen einfach nichts. Ob ich nun Kenntnis von einem Vorfall habe oder nicht, mein Leben ändert sich (in den allermeisten Fällen) kein bisschen.

Vielleicht klingt das etwas kalt und unbeteiligt. Die Wahrheit ist: Mein Leben (und deines) ändert sich nicht unmittelbar, egal ob ein Reisebus verunfallt ist und Leute gestorben sind, Amerika einen neuen Präsidenten hat oder ein Terroristenführer erschossen wurde.

Wieso solltest du so viel deiner wertvollen Zeit in Informationen investieren, die keine Relevanz für dich haben und dich eher von deinem Ziel abbringen als hinführen?

Du kannst dies selbst einmal testen, um es dir bewusster zu machen. Nimm deine Lieblings-News-App, Zeitung oder News-Webseite und gehe die Nachrichten durch. Was ist für dein Leben relevant? Was bringt dich weiter? Was macht dir eher ein schlechtes Gewissen oder löst Unbehagen aus?

Versuche, 30 Tage lang auf Tagesnachrichten, Tagesschau, Pendlerzeitungen und vor allem die Blätter mit den übergrossen Titeln zu verzichten. Höre dir stattdessen interessante Hörbücher an oder lies ein Sach- oder Fachbuch. Du wirst feststellen, wie viel du in dieser Zeit für dich und dein Leben profitieren kannst und das Leben trotzdem weitergeht.

Fokussiere dich auf Dinge, die du magst

Ein wichtiger Punkt, um produktiver zu werden, besteht darin, Dinge abzugeben, die du nicht magst. Es gibt immer Dinge, die du nicht delegieren kannst, «notwendige Übel» sozusagen. Meine Erfahrung ist jedoch, dass in vielen Unternehmen die notwendigen Übel überhandnehmen, speziell, wenn du in einer Management- oder «Sandwich-Position» arbeitest, zum Beispiel als Team- oder Projektleiter.

Notwendige Übel, die immer mehr werden, sind der erste Schritt zu einem Burn-out. Du hast kein Spass mehr an deinem Job, den du ursprünglich freiwillig und voller Elan angetreten hast. Nun kannst du dich nicht mehr auf das wesentliche fokussieren, sondern wirst immer mehr mit Dingen belagert, die eigentlich nicht deine Aufgabe wären. Und schon gar nicht deiner Vorstellung des «perfekten Jobs» entsprechen.

Vielleicht ist auch genau das der Grund, wieso du dieses Buch durcharbeitest.

Um wieder mehr Dinge zu tun, die dir Spass machen und dich weiterbringen, brauchst du Hilfe. Du musst lernen, effektiv und effizient zu delegieren.

Das kannst du durchaus auch im privaten Umfeld oder dann, wenn du selbstständig bist.

Beispielsweise kannst du deine Steuererklärung an einen Treuhänder abgeben, allenfalls auch eine Haushaltshilfe mit bestimmten Tätigkeiten beauftragen. Bist du selbstständig, kannst du dir einen «Virtual Assistant» für bestimmte Routineaufgaben engagieren.

Allen gemein ist, dass Personen, die Aufträge von dir bekommen, einen anderen Fokus haben wie du. Sie haben einen anderen Wissensstand, einen anderen persönlichen Hintergrund. Das heisst, eine gute Zusammenarbeit steht und fällt mit einer guten Kommunikation und Auftragsvergabe. Wenn du aufgrund schlechter Delegation ständig Dinge korrigieren und nachbessern musst, ist das kontraproduktiv.

Verwende folgendes Vorgehen, um nachhaltig zu delegieren und dir damit langfristig viel Routinearbeit einzusparen:

1. Erstelle eine Liste mit periodisch wiederkehrenden Aufgaben welche (kumuliert) viel deiner Zeit beschlagnahmen, aber nicht zwingend von dir gemacht werden müssen.

   Falls es sich um Tätigkeiten handelt, zu denen nur du berechtigt bist, versuche die ganze Vorbereitung abzugeben. Damit du zum Beispiel nur noch unterschreiben oder freigeben musst. Hinweis: Überlege dir wirklich gut, was du zwingend selber machen musst. Oft ist das weniger, als man im ersten Moment denkt.

2. Überlege dir, wer am besten geeignet ist. Im beruflichen Umfeld denken die meisten beim Delegieren an ihre direkt unterstellten Mitarbeiter. Das ist oft der schnellste und unkomplizierteste Weg, aber nicht immer der optimale. Mitarbeiter schätzen es manchmal nicht, Dinge ihres Chefs zu erledigen, nur weil er sich «zu schade» ist, es selbst zu machen. Denke mehrdimensional. Du kannst sogar Dinge an deinen eigenen Chef delegieren.

   Erstelle in deinem Kopf eine kurze Stellenbeschreibung. Was benötigt die Person für Fähigkeiten, um die entsprechende Aufgabe zufriedenstellend zu erledigen? Gehe auf andere Abteilungen zu, auf externe Anbieter oder Freelancer.

   Grössere Unternehmen haben oft sogenannte «Service Center». Die Mitarbeiter dort sind Spezialisten in ihren Gebieten und bieten ihre Services für die gesamte Firmengruppe an.

Sehr verbreitet sind beispielsweise Übersetzungsteams oder Rechtsabteilungen. Aber auch Sekretariatsleistungen können so beauftragt werden.

3. Dokumentationen sind das A und O.

Erstelle für komplexere Themen die nicht viel Freiraum lassen gleich selbst eine Anleitung/Dokumentation über die Tätigkeit, die ausgeführt werden soll, und zwar so detailliert und plakativ wie möglich und mit allen Spezialfällen. Das ist viel Arbeit, aber es spart dir künftig auch enorm viel Zeit ein. Halte die Dokumentation so, dass sie von der ausführenden Person später ergänzt und angepasst werden kann. Du wirst nie alle Fälle in der ersten Version abbilden können. Aber dadurch ist es ein Leichtes, die Dokumentation aktuell und akkurat zu halten.

Für kleine Aufträge oder für Aufgaben, die den Weg zum Ziel offenlassen, bietet es sich an, keine umfangreiche Dokumentation selbst zu erstellen. Lasse diese Arbeit lieber parallel zur Umsetzung von der ausführenden Person erledigen.

Das hat den Vorteil, dass die Dokumentation direkt gemäss dem Prozess erstellt wird, den sich der Mitarbeiter zurechtgelegt hat. Du wirst bestimmt zwei bis drei Durchläufe benötigen, bis die Qualität so ist, wie du es dir vorgestellt hast.

Tipp: Sobald du das Ergebnis so bekommst, wie du wolltest, gebe den Auftrag einmal an einen Stellvertreter. Dann siehst du sofort, wie gut und praktikabel die Anleitung erstellt wurde.

Lasse Unklarheiten direkt nachdokumentieren. Dadurch erhält das Dokument eine hohe «Maturität».

4. Vertraue den Personen, denen du delegierst. Du hast sie ausgewählt! Gib Leitplanken und schaue nicht dauernd über deren Schultern, um sicherzustellen, dass sie es so machen, wie du das gewohnt bist. Es wird niemand die Aufgabe exakt so erledigen wie du. Räume den Mitarbeitern explizit die Freiheit ein, die Aufgabe so umzusetzen, wie sie es am besten können. Natürlich immer im Hinblick auf das gewünschte Ziel. Teile ihnen also das Ziel mit.
Was wird erwartet?
Was wird nicht erwartet?
Wie sieht der «Output» aus?
Gib ihnen falls nötig ein Budget, über das sie selbst verfügen können.
Sage ihnen, an wen sie sich bei spezifischen Fragen oder Problemstellungen am besten wenden. Oft bist das nämlich nicht du. Vertraue deinen Mitarbeitern und du erntest Vertrauen von ihnen!

5. In Unternehmen bedeutet eine von dir delegierte Aufgabe oft einen Zusatzaufwand für die Mitarbeiter. Falls sie schon gut mit Arbeit ausgelastet sind, unterstütze sie dabei, andere Tätigkeiten abzugeben oder anders zu organisieren. Auch Mitarbeiter können wiederum delegieren. Bedenke aber: Schlussendlich muss die Arbeit trotzdem erledigt werden.
Falls dein Team bereits überlastet ist, halte ihnen den Rücken frei und belaste sie nicht mit weiteren Routineaufträgen. Überlege dir eher, wie du unabhängig (ev. extern) geeignete Zusatzressourcen auftun kannst.

Optimaler Einsatz von Arbeitshilfen

Falls du eine eigene Assistenz hast, bist du in bester Position, deine Produktivität zu maximieren. Falls du noch keine Assistenz hast, solltest du darüber nachdenken, wie du zu einer kommst.

Für kleine Unternehmen oder in dem Fall, dass dir eine interne Assistenz verwehrt wird, bietet sich der Einsatz von «virtuellen Assistenten» an. Diese Dienstleistungen gibt es in verschiedenen Varianten.

Eine Möglichkeit besteht darin, einen Freelancer über eine fixe (oder variable) Anzahl Stunden einzusetzen. Für kleine Unternehmen eignen sich Firmen besser, welche die Assistenz-Mitarbeiter koordinieren und bezahlen. Dort gibt es weniger Risiko bei einem Ausfall eines Mitarbeiters, aber vielleicht auch mehr Fluktuation.

In jedem Fall bietet es sich an, mit der Zeit detaillierte Anweisungen zu erstellen, wie bestimmte Dinge zu erledigen oder zu handhaben sind. Das erleichtert einen Wechsel zu einem anderen Anbieter enorm.

Virtuelle Assistenten können für alles Erdenkliche eingesetzt werden. Die üblichen Gebiete sind: E-Mail-Verwaltung, Briefe schreiben, Präsentationen erstellen, ggf. Übersetzungen vornehmen, Termine koordinieren.

Es gibt auch noch weitere interessante Themenbereiche: Reisen buchen, Telefondienst, Ein- und Ausgangsverarbeitung von Post etc.

Hier einige Tipps, wie du effizient mit einer digitalen Assistentin arbeiten kannst.

1. Nehme Memos, Briefe oder E-Mails, die du versenden musst, auf einen Rekorder respektive dein Smartphone auf. Das bietet sich generell an, wenn du ungestört bist wie zum Beispiel im Auto auf dem Weg zur Arbeit.

Weise die Assistentin darauf hin, dass sie den Text «dem Sinn nach» übernehmen soll und prüfe die ersten Male, ob du zufrieden bist. Meist sind diese Assistentinnen besser im Formulieren als du selbst.

2. Definiere, wie mit den Aufträgen umgegangen werden soll. Was kann sie direkt selbst erledigen, was bekommst du zur Durchsicht zurück, bevor es an den Empfänger geht?

3. Definiere Leitplanken für die Aufträge. Gib ihr Freiraum bezüglich Gestaltung und Finanzen, genauso, wie du es bei einem internen Mitarbeiter auch tun solltest.

Soll eine Geschäftsreise gebucht werden, gib ihr ein Budget und ein paar Eckdaten, die dir wichtig sind, und lasse sie machen. Gib ihr nach der Reise ein Feedback, damit sie auf die Dinge besser achten kann, die dir nicht gepasst haben.

Falls möglich, mache eine Wichtigkeits-Skala, nach der sie arbeiten kann. Dasselbe Vorgehen gilt auch zum Beispiel für Geschäftsessen oder Terminabsprachen.

4. Verwendet E-Mail-Templates oder andere Vorlagen, um Aufträge immer nach dem gleichen Muster zu platzieren. So vergisst du nichts und es gibt weniger Rückfragen.

Konzentration auf das Eine

Dein Fokus sollte immer nur auf einem Hauptthema gleichzeitig liegen, bis es abgeschlossen ist.

Auch wenn du andere Aufgaben zu erledigen hast, eine ist die wichtigste pro Tag, pro Woche oder auch pro Monat.

Deine Fokus-Aufgabe hat die höchste Priorität. Alle anderen Tätigkeiten kommen danach. Das heisst nicht, dass du unter Umständen tagelang nur an derselben Aufgabe arbeitest. Aber diese nimmt den wichtigsten Platz ein und bekommt auch die meiste deiner planbaren Zeit zugewiesen.

Gewährst du stets anderen und neueren Aufgaben eine höhere Priorität, wirst du mit deinem ursprünglichen Vorhaben nie fertig.

Definiere deshalb jeden Tag ein bis zwei Zeitblöcke für die Bearbeitung deines Fokus-Themas, welches deinen Tag bestimmt. Kannst du es nicht abarbeiten, steht es am nächsten Tag erneut ganz oben auf deiner Liste.

Arbeite während dieser Zeit fokussiert und ungestört an deiner Fokus-Aufgabe.

Jedes Mal, wenn wir bei einer konzentrierten Arbeit unterbrochen werden und wieder hineinfinden müssen, geht enorm viel produktive Zeit verloren.

Wie du Störfaktoren generell reduzierst, erfährst du gleich. Dennoch bleibt es hauptsächlich dein Gehirn, das dich immer wieder vom Wesentlichen ablenkt.

Es gibt einen relativ einfachen, aber wirksamen Trick, wie du dich weniger ablenken lassen kannst.

Sobald du merkst, dass du gedanklich vom eigentlichen Thema abweichst und dich von deinem Smartphone, einem Geräusch oder sonst etwas beeinflussen lässt, mache dir dies zuerst bewusst. Akzeptiere es aktiv und mache dir die Ablenkung bewusst. Sage dir selbst so etwas wie: «Nein, ich konzentriere mich nun auf die eigentliche Arbeit», und gehe zu ihr zurück.

Dieses Verhalten implementierst du als Routine und es wird mit der Zeit automatisch vonstattengehen. Du beginnst, die Störeinflüsse mehr und mehr zu ignorieren.

Zu Beginn kann es etwas «anstrengend» sein, sich jede noch so kleine Ablenkung bewusst zu machen und aktiv und umgehend zurück zur eigentlichen Arbeit zu gehen. Aber je öfter du das machst, desto einfacher wird es.

Gute Ideen und Vergessenes

Du kennst das bestimmt: Du bist konzentriert an einer Arbeit und plötzlich hast du einen tollen Einfall bezüglich eines völlig anderen Themas. Oder du erinnerst dich an etwas Wichtiges, das du vergessen hast aufzuschreiben.
In diesen Fällen: Tue es. Schreibe aber nur zwei oder drei Stichworte auf. So wenig wie möglich, so viel wie nötig. So, dass du später den Kontext noch erkennst. Schreibe die Dinge ohne weiteren Aufwand auf ein Post-it, eine definierte Seite in einem Notizbuch (die schnell geöffnet werden kann) oder in deine digitale To-do-Liste. Vermeide es zum jetzigen Zeitpunkt zu viele Gedanken an diese Ideen zu verschwenden. Lösche den «Temporär-Speicher» in deinem Gehirn, um wieder der ursprünglichen Arbeit die höchste Priorität einräumen zu können.

Störfaktoren reduzieren

Unvorhergesehene Anfragen oder Aufgaben

Reserviere dir täglich zwei Zeitfenster für Unvorhergesehenes. Priorisiere diese Aufgaben und mache nur sofort, was in 1–2 Minuten erledigt werden kann oder sehr wichtig ist (d. h. dringend ist und eine hohe Auswirkung hat). In dieser Zeit kannst du auch Anrufe tätigen.

Telefonanrufe

Nimm während der «Fokus-Zeit» keine Anrufe entgegen. Spreche eine Voicemail auf mit deiner E-Mail-Adresse. Bitte um eine kurze E-Mail mit Beschreibung der Anfrage sowie der besten Verfügbarkeit per Telefon. Du meldest dich dann innert 12 Stunden zurück.

Plane fixe Zeitblöcke für Telefonanrufe ein, je nach deiner Tätigkeit zwei bis vier pro Tag. Lege diese in Zeiten, zu denen du vermutlich deine Gesprächspartner am ehesten erreichst.

Im besten Fall mache vorgängig einen fixen Termin, zum Beispiel per E-Mail, ab.

Störungen «entfliehen»

Digitale Störungen bekommst du in den Griff.

«Physischen Störquellen», wie Kollegen, Chefs, Kunden etc., welche ohne Vorwarnung an dich herantreten und deine Zeit beanspruchen möchten, ist schon schwieriger zu begegnen.

Schliesslich willst du nicht unhöflich sein und bist auch gerne hilfsbereit.

Perfekt ist es, wenn du ein eigenes Büro mit Türe und womöglich noch eine Assistentin im Vorzimmer hast. Regle dann klar, in welchem Fall du gestört werden darfst.

Da in den letzten Jahren aber aus Gründen der besseren Kommunikation eher Grossraumbüros aufgekommen sind, wird es für die meisten Wissensarbeiter immer schwieriger, sich abzugrenzen und sich vor Störungen zu schützen.

Falls du im selben Raum mit vielen weiteren Mitarbeitern arbeitest, werde kreativ.

Kopfhörer mit Musik oder ein Gehörschutz helfen dir, dich konzentrieren zu können, wenn es laut wird im Raum. Dazu musst du aber der Typ sein. Ausserdem helfen diese Ansätze nicht, dich «unsichtbar» zu machen.

Hier ein paar Ideen, was du machen könntest, damit du in deinen «Produktivphasen» weniger gestört wirst:

- Stelle gut sichtbar eine Fahne auf deinen Schreibtisch: Rot = «Ich arbeite, lass mich in Ruhe». Grün = «Ich bin für dich gerne da». Informiere alle im Büro, was es mit den Fahnen auf sich hat oder beschrifte sie gleich.
- Stelle eine Trennwand oder Ähnliches neben dir auf und befestige ein Plakat analog den Fahnen.

Sehr effektiv wirkt zum Beispiel eine mannshohe Papp-Kopie von dir, auf dessen T-Shirt du Aufschriften wie: «Ich konzentriere mich, bitte komm in einer Stunde wieder», platzieren kannst.

- Trage in Anlehnung an die Fahnen ein grünes oder rotes Oberteil (Jacket, T-Shirt, Hemd, ...), oder einen Hut. Natürlich musst du deine Kollegen informieren, damit sie darauf achten.

- Beschrifte die Seite deines Schreibtisches oder die Rückenlehne deines Stuhls mittels Zeigetasche mit einem Hinweis bezüglich deiner «Erreichbarkeit».

- Montiere einen Faden über dir an der Decke und befestige in Greifweite über deinem Kopf ein Symbol wie beispielsweise die grüne und rote Fahne.

Diese Variante hat den Vorteil, dass das Zeichen rundherum für alle gut sichtbar ist und es niemand wagt, auch nur in deine Nähe zu kommen oder dich aus der Ferne anzusprechen.

Vielleicht hast du bei der einen oder anderen Idee etwas geschmunzelt. Aber die Ideen sind nicht schlecht, oder? Ich bin sicher, eine davon wird auch bei dir funktionieren.

Probiere es einfach aus und sei kreativ in der Umsetzung. Bringe andere zum Lachen und vielleicht übernehmen sie sogar deine Idee. So prägst du eure Unternehmenskultur im Positiven.

Falls du die Freiheit hast, deinen Arbeitsort weitgehend frei zu wählen, kannst du auf andere Möglichkeiten als «Rückzugsort» zugreifen.

Versuche, deine Präsenzzeit im Büro so zu planen, dass du dort nur die Dinge machst, die ortsgebunden sind, beispielsweise Besprechungen mit vielen anderen Mitarbeitern aus demselben Gebäude.

Verwende sonst andere Arbeitsorte, um konzentriert arbeiten zu können.

Büro oder nicht Büro

Störungen aus dem Weg zu gehen, ist meist einfacher, wenn man nicht im Büro ist. Dann gibt es kein: «kannst du bitte schnell ...», oder Ähnliches. Manchmal ist unterwegs zu sein effizienter als am üblichen Büro-Schreibtisch zu sitzen.

Wenn du mit ÖV oder mit dem Auto unterwegs bist, weisst du, wann und wo du bist und welche Aufgaben du wo am besten erledigen kannst. Bahnfahrten eignen sich in der Regel nicht für Telefonate, schon gar nicht für vertrauliche. Sie eignen sich hingegen hervorragend, um E-Mails zu bearbeiten oder Berichte zu lesen.

Rückzugsorte in deinem Bürogebäude

Wenn du in einem grösseren Unternehmen arbeitest, gibt es hoffentlich verschiedene Räume, die «gebucht» werden können. Buche dir regelmässig einen kleineren Raum, in den du dich ausserhalb von deinem üblichen Büro zurückziehen kannst.

Homeoffice

Die wohl bekannteste Variante für «Arbeiten abseits des Büros» ist Homeoffice.

Viele Unternehmen sind vorsichtig mit der Gewährung von Homeoffice, oft mit gutem Grund.

Denn zu Hause zu arbeiten bietet nicht nur Vorteile. Meist lauern dort andere Störfaktoren.

Das kann die unaufgeräumte Küche sein, die stört. Oder es gibt irgendetwas zu reparieren, das man schon lange hätte machen sollen. Ausserdem können da der Nachbar sein, der den Rasen mäht, oder gar die Familie, die auch zu Hause ist.

Homeoffice kann gut und produktiv sein, du musst aber das entsprechende Umfeld schaffen.

Für bestimmte Arbeiten und zu bestimmten Zeiten ist Heimarbeit aber ein gutes Hilfsmittel, um die Effizienz zu steigern.

Coworking

Viele Bahnhöfe bieten Business-Arbeitsbereiche an, die relativ kostengünstig zu haben sind.

Die Firma Regus zum Beispiel verfügt über ein flächendeckendes Angebot von Büro- und Coworking-Möglichkeiten in ganz Europa. Das ist perfekt für Personen, die geschäftlich viel unterwegs sind.

Es gibt aber mittlerweile in allen grösseren Orten auch kleinere, eigenständige Coworking-Büros. Dort kannst du dir einen Arbeitstisch oder gar ein separates Büro stunden-, tage- oder auch monatsweise mieten.

Falls Homeoffice nicht infrage kommt, könntest du ein- bis zweimal pro Woche einen Platz in einem Coworking in deiner Nähe buchen.

Bibliotheken

Grössere Bibliotheken, wie sie von Universitäten und Hochschulen betrieben werden, sind meist kostenlos zugänglich und perfekt zum konzentrierten Arbeiten geeignet.

Falls du in der Nähe einer solchen Bibliothek wohnst oder arbeitest, probiere es einmal aus.

Restaurants und Bars

Auch Restaurants oder Bars können sich zum Arbeiten eignen. Abhängig von der Tageszeit findet sich beispielsweise bei Starbucks (oder vergleichbaren Lokalen) oft eine ruhige Ecke. Dort kann man sogar sehr gut telefonieren oder ein Business-Meeting abhalten.

Der Fremdsteuerung Herr werden

Du kennst das bestimmt: Das Gefühl, immer «fremdgesteuert» zu werden. Du hast keinen oder nur geringen Einfluss auf deine Zeit und hast dich stets anderen anzupassen und unterzuordnen.

Die Wahrheit, so hart sie auch ist, lautet: Wir sind alle fremdgesteuert. Wir sind ein kleiner Teil des Universums, welches mit allen Kräften ständig auf uns einwirkt.

Wir werden nicht nur von anderen Menschen fremdgesteuert, sondern auch von der Natur, Verkehr, Technik usw.

Wer mag es schon, bei verspäteten Bahnanschlüssen warten zu müssen, oder wenn ein Stau den ganzen Tagesplan durcheinander bringt?

Solche Dinge können wir oft nicht aktiv beeinflussen und sollten uns in wichtigen Fällen Ausweichmöglichkeiten (einen Plan B) überlegen.

Abgesehen davon, fühlen wir uns wohl am ehesten von der Familie, dem Chef und den Kunden fremdgesteuert. Wieso aber nicht von den eigenen Mitarbeitern oder von Freunden?

Von ihnen kommen eher weniger Aufträge, sodass weniger «Fremdsteuerungskräfte» einwirken. Aufträge, die wir nicht beeinflussen oder (früh genug) planen können, erscheinen uns als Fremdsteuerung.

Doch es gibt Möglichkeiten, diesen von aussen einwirkenden Kräften entgegenzuwirken.

Könntest du die durch Fremdsteuerung ausgelösten Aufgaben nämlich korrekt in deine Terminplanung übernehmen, wäre es nur noch halb so schlimm. Oft «wird allerdings erwartet», dass entsprechende Anfragen oder Aufträge sehr zeitnah (um nicht zu sagen «sofort») erledigt werden.

Ich habe bewusst geschrieben «es wird erwartet». Wer erwartet dies? Hast du eine verbindliche Zeitanfrage bekommen? Dem ist meist nicht so. Du interpretierst also oft in die Anfrage hinein, dass du sie sofort zu erledigen hast.

Ein sehr guter Ansatz, dieser Problematik zu begegnen, ist folgender:

Du fragst beim Auftraggeber nach, was genau der Hintergrund der Anfrage ist, bis wann er es wirklich braucht und was passiert, wenn er es bis dahin nicht bekommt. Erkläre ihm, dass du gute Arbeit abliefern möchtest, dies aber in der geforderten Zeit nicht möglich sei. Mache ihm einen Vorschlag, wann er mit dem Abschluss der Arbeit rechnen kann und halte den Termin ein. Dann wird er das nächste Mal von sich aus solche Überlegungen anstellen und einen realistischeren Termin anbieten.

Je nach Situation (zum Beispiel bei Aufträgen des Chefs) ist es ungünstig zu sagen: «ist nicht möglich».
Möglich ist vieles, aber es ist eine Frage der Priorität. Gehe beim Vorgesetzten genauso vor, wie oben beschrieben. Aber zeige ihm die

Konsequenzen auf, wenn du den neuen Auftrag vorziehst. Er soll entscheiden, ob der neue Auftrag so viel wichtiger ist, um andere Themen in die Zukunft zu verschieben.

Damit gibst du nicht nur den Druck und die Verantwortung zurück, sondern bringst die Person mittelfristig dazu, Aufträge automatisch früh genug zu platzieren – falls ihr das möglich ist, natürlich.

Es gibt leider auch Vorgesetzte, die regelmässig Aufträge vergessen und in letzter Minute durch Delegieren versuchen, die Angelegenheit zu retten.

Ein Beispiel:

Dein Chef weiss seit vier Wochen, dass er eine Präsentation für die Geschäftsleitungssitzung fertig machen muss. Er hat es vergessen, keine Lust oder was auch immer und bittet dich nun, diese bis in wenigen Stunden zu erstellen.

Sollte das wirklich regelmässig vorkommen, suche unbedingt das Gespräch. Solche Situationen bringen dich in eine schwierige Situation und sie bergen, kommen sie häufiger vor, viel Konfliktpotenzial und Demotivation. Versuche also unter allen Umständen, solche «Fremdsteuerung» bei deinen Unterstellten zu verhindern. Es ist nicht immer möglich, es gibt Ausnahmesituationen. Aber für diese hat auch jeder Verständnis.

Davon abgesehen: Dinge, die so dringend am selben Tag noch erledigt werden müssen, dass du dafür deine bestehende Zeitplanung über Bord wirfst, gibt es kaum. Die Welt dreht sich trotzdem weiter.

Das kannst du deinem Kunden so natürlich nicht erklären, aber du verstehst, was ich meine.

Solche Fälle kann es in absoluten Ausnahmen einmal geben, aber es darf nicht die Regel sein. Wenn doch, hackt es an anderen Stellen in deiner Organisation und den Prozessen.

Du wirst dann nämlich reaktiv statt proaktiv und das ist sehr ineffizient. Sowohl für dich als auch für ein Unternehmen ist dies sehr ungesund. Dann bist du nämlich nur am Feuer löschen und hast keine Zeit das Unternehmen, die Kunden und deine Mitarbeiter vorwärtszubringen.

Auf der persönlichen Ebene führt das auf längere Sicht zum Burnout. Für das Unternehmen bedeutet es im Extremfall den Kollaps, weil entweder das Wachstum nicht gestemmt oder die Kundenanfragen nicht zeitgerecht abgearbeitet werden können.

Vermeide also Feuerlöschen und zeige dem Auftraggeber die Situation und seinen Vorteil auf, wenn die Anfrage seriös behandelt werden soll.

Im Übrigen: Weiss ein Kunde, wann er mit einer Rückmeldung oder einer Lösung rechnen kann, ist das meist kein Problem. Solange das Versprechen eingehalten wird, fasst er Vertrauen und arrangiert sich mit der Situation. Vertröstest du ihn und hältst den versprochenen Termin nicht ein, schwindet das Vertrauen und der Goodwill schmilzt nur so dahin.

Daher ist die Kommunikation ein zentrales Element. Und diese kannst du sogar delegieren.

Missverständnisse

Meines Erachtens führen auch Missverständnisse zu vermeidbarer Fremdsteuerung.

Arbeitest du in einem (interdisziplinären) Projektumfeld, in dem verschiedene Fachabteilungen zusammenarbeiten, fehlt oft eine gemeinsame Sprache und somit ein gemeinsames Verständnis der Lösung. Dasselbe gilt auch im privaten Bereich, wenn du in einem Verein engagiert bist, oder in der Kommunikation innerhalb deiner Familie.

Jeder hat seine Sicht der Dinge und seine Definition von bestimmten Begriffen oder Situationen. Das geht so weit, dass vier Vertreter aus vier verschiedenen Abteilungen über denselben Begriff diskutieren und alle etwas anderes darunter verstehen. Sie reden aneinander vorbei und merken es nicht einmal.

Später führt das dann zu vermeidbarer «Fremdsteuerung», weil beschlossene Dinge wieder (manchmal sehr schnell) geändert werden müssen.

Solche Effekte können – zumindest teilweise – durch ein gemeinsames, abgestimmtes Glossar verhindert werden. Auch in Familien kann es eine gute Idee sein, bestimmte Abmachungen und Definitionen schriftlich festzuhalten.

Eingeschränkter Fokus

Wir alle sind gezwungenermassen in unserer «mentalen Kiste» gefangen. Das bisherige Leben hat uns geprägt und geformt, unsere Persönlichkeit und unsere Lebensanschauung geschaffen. Wir alle stecken in unserer persönlichen Box. Diese behindert uns aber oft in der Wahl des richtigen Fokus.

Du erreichst deine Ziele schneller, wenn du dir angewöhnst, deine Box regelmässig zu öffnen, von aussen zu betrachten und zu vergrössern.

Deine Lösung muss nicht unbedingt die beste sein. Vielleicht hat jemand eine Idee, die dir noch besser gefällt. Versuche deine Probleme oder dein Leben von einer anderen Perspektive zu betrachten. Nimm dir einen beliebigen Menschen als Repräsentant und überlege, wie er deine Situation einschätzen und lösen würde. Frage jemanden in deinem Bekanntenkreis, der dir als gewinnbringender Ideengeber erscheint.

Wenn du vor einer Herausforderung stehst, frage dich: «Wie haben das andere erfolgreich gelöst, die dasselbe Problem hatten?»

Finde solche Leute und frage sie, auch wenn es Fremde sind. Die meisten Menschen erzählen gerne über Dinge, die sie erfolgreich gemeistert haben.

Und glaube nicht, du hättest ein Problem, das vor dir noch niemand gehabt hätte. Diese Wahrscheinlichkeit ist sehr gering.

Relevantes Wissen aufsaugen

Ein wichtiger Punkt, deinen Geist auf den gewünschten Fokus zu programmieren, ist Wissen.

Sauge alles an Wissen auf, was für dich und dein Leben relevant ist. Abonniere entsprechende Gruppen auf Facebook und YouTube. Lese Bücher und beteilige dich an Meetups oder Workshops. Falls du zur Elite deines Fachs gehören möchtest, musst du deinen Fachbereichskollegen immer einen Schritt voraus sein. Das geht nur mit aktuellerem, tieferem Wissen und einer Ausweitung deines Horizonts. Nur so kannst du interdisziplinäre Zusammenhänge erkennen und bei deinem Chef oder Kunden punkten.

Schritt 6: Energie

Ohne Energie wirst du es kaum schaffen, deine Ziele umzusetzen.

Der wichtigste Punkt für mehr Produktivität ist Energie, genauer gesagt, deine persönliche körperliche und mentale Kraft. Ein ausgeglichener Energiehaushalt ermöglicht dir, fitter, engagierter, wacher, motivierter und ausdauernder zu sein, denn wenn du träge bist, kannst du nicht effizient arbeiten.

Achte einmal darauf, wie du dich 30 bis 60 Minuten nach dem Mittagessen fühlst. Fühlst du dich ausgeruht, leicht, voller Tatendrang? Fühlst du dich eher schwer, müde, unmotiviert?

Die Mehrheit fühlt sich erfahrungsgemäss nicht so gut. Nach dem Mittagessen schwächelt die Konzentration und man würde sich lieber hinlegen als weiterzuarbeiten.

Bist du einer derjenigen, der sein Mittagessen am Schreibtisch in wenigen Minuten verzehrt und kaum eine Pause macht?

Dann solltest du bei diesem Kapitel besonders gut aufpassen!

Unser Körper lebt und wächst durch Beanspruchung und Entspannung. Wenn du deine Muskeln trainierst, wachsen diese durch eine hohe (und immer höhere) Belastung. Das geschieht aber auch nur, wenn du ihnen nach dem Training die Zeit lässt, sich wieder zu erholen. Physisch wachsen sie nämlich während der Erholungsphase. Das Training ist nur die «Initialzündung», um das Wachstum anzustossen.

Unterlässt du eine längere Pause, schadest du dir mehr als du dir nützt.

Unser Gehirn funktioniert genauso. Daher ist Stress nicht prinzipiell schlecht. Die meisten vergessen jedoch, die unbedingt nötigen Ruhephasen einzubauen, damit sich Gehirn und Geist wieder erholen und für neue Herausforderungen bereit machen können.

Wenn du den ganzen Tag durcharbeitest, keine Verschnaufpausen einlegst und auch die Mittagszeit «durchmachst», fällst du allerspätestens am frühen Nachmittag in ein tiefes Konzentrations-Loch, sodass du auch gleich mit Arbeiten aufhören kannst.

Bist du in der Lage, deine Energie zu optimieren, schaffst du die Basis für ein aktives und effizienteres Arbeits- und Erfolgsumfeld.

Hinweis:

Die folgenden Empfehlungen werden auch deinem Leben neuen Schwung bringen. Das genaue Timing hängt jedoch davon ab, was für ein «Tier» du bist. Gemäss Michael Breus, Arzt und Schlafforscher, können wir Menschen in vier unterschiedliche Tier-Stereotypen eingeteilt werden. Über 50 % der Bevölkerung sind «Bären». Bären fühlen sich in einer Wachphase zwischen 7 Uhr morgens und 10–11 Uhr abends am wohlsten. Sie brauchen aber auch 8 Stunden Schlaf, um sich zu erholen. Andere Typen sind der «Delfin», der «Löwe» und der «Wolf». Die folgenden zeitlichen Aspekte gelten primär für die Mehrheit der Menschen: die Bären. Die Inhalte an sich bringen aber jedem einen Mehrwert. Interessiert dich das Thema, empfehle ich dir das Buch von Dr. Michael Breus: «The Power of When».

Bewegung macht's

Der wichtigste Aspekt, um den ganzen Tag über genug Energie zu haben, liegt bei den ersten Tätigkeiten nach dem Aufstehen.

Sobald ich aufgestanden bin, trinke ich ein Glas Wasser, um den Flüssigkeitsverlust der Nacht auszugleichen und beginne umgehend mit Frühsport. Mindestens 30 Minuten BodyWeight Training (nur mit dem eigenen Körpergewicht) mit hoher Intensität. Der Puls schiesst hoch und mein Körper ist danach richtig bereit für den Tag, wach, motiviert und voller Tatendrang. Lasse ich das morgendliche Training einmal aus, fühle ich mich weit weniger gut und werde schneller müde.

Ich praktiziere dies nun seit einiger Zeit. Der Unterschied zu früher ist frappant.

Du musst es mir nicht genau gleichtun. Das Geheimnis liegt in der Bewegung. Der Kreislauf muss in Schwung gebracht werden. Du kannst auch einen ausgedehnten Spaziergang mit erhöhtem Tempo machen oder eine Fahrradtour unternehmen.

Der Vorteil des Bodyweight Trainings für mich ist, dass ich keinen Grund für Entschuldigungen habe. Man braucht keine Hilfsmittel und nur 2×2 Meter Platz für die Übungen. Dadurch kann man auch bei schlechtem Wetter oder in einem Hotelzimmer trainieren.

Aufstehen

Wenn du produktiv sein willst, solltest gleich aufstehen, sobald morgens der Wecker klingelt. Wieder einzuschlafen oder eine halbe Stunde im Bett liegenzubleiben, macht das Aufstehen nicht einfacher.

Alexander Marci, deutscher Digital-Nomade und Onlinemarketer, macht dies allerdings ganz bewusst. Er verrät in einem seiner Videos, dass er morgens aufsteht, ein Glas Wasser trinkt und anschliessend gleich eine Stunde lang im Bett meditiert.

Falls dies auch für dich funktioniert, sehr gut. Ich glaube, ich würde gleich wieder einschlafen.

Es gibt unzählige Tipps, wie du es schaffst, schneller aufzustehen. Ich beschreibe dir einige praktikable Ansätze als Gedankenanstoss:

Wecker ausser Reichweite

Stelle den Wecker irgendwo möglichst weit weg vom Bett im Zimmer hin. Damit du einige Schritte gehen musst, um ihn abzuschalten.

Am besten du verwendest einen Wecker mit sehr penetrantem Ton, sodass es das kleinere Übel ist, aufzustehen.

Es gibt übrigens auch Wecker, die davonlaufen!

Aufwach-Lampe verwenden

Es gibt spezielle Tageslicht-Wecker wie zum Beispiel das «Wake Up Light» von Philipps. Diese Lampen mit integriertem Wecker werden gemächlich heller, bis sie die höchste Helligkeitsstufe zur Weckzeit erreichen. So wird ein Sonnenaufgang simuliert. Der Körper reagiert sehr stark darauf. Es ist kein Zufall, dass man sich bei Dunkelheit müder fühlt als bei Sonnenschein.

Genug schlafen

Wenn du genug geschlafen hast, stehst du auch einfacher auf. Das ist nicht immer so, aber im Regelfall schon.

Versuche also, auch deinem Körper und Geist zuliebe, genug zu schlafen.

Ich habe mich auch mit der Idee von weniger Schlaf beschäftigt, um «mehr Zeit» zur Verfügung zu haben. Es gibt dazu diverse Bücher und Blogs, auch von einzelnen Personen, die selbst Schlaf-Experimente durchgeführt haben. Schlussendlich sind sich wohl alle einig, dass eine gesunde und nachhaltige Schlafdauer (je nach Schlaftyp) ca. 8 Stunden beträgt. Versuchst du länger weit darunter (unter 6 Stunden) zu sein, hat dies gesundheitliche Konsequenzen.

Freue dich auf jeden Tag

Kennst du das Gefühl noch, als du als Kind am Weihnachtsmorgen oder am Geburtstag aufgewacht bist? Du konntest es gar nicht erwarten, weil du dich so auf das Fest und die Geschenke gefreut hast?

Falls du es schaffst, ein solches Gefühl jeden Tag zu erzeugen, ist das wohl das beste Mittel, um schnell aus dem Bett zu kommen. Es kann dir dann gar nicht schnell genug gehen.

Da du nun deine Passionen kennst, findest du ab jetzt bestimmt einfach einen Grund, um dich auf den nächsten Tag zu freuen und entsprechend motiviert aufzustehen!

Falls du trotzdem Mühe hast, jeden Tag eine Tätigkeit oder Situation zu schaffen, auf die du dich freust, habe ich folgenden Tipp für dich: Versuche stets eine Kleinigkeit in den Vordergrund zu rücken, mit der du dich motivieren kannst.

Zum Beispiel:

«Super, ich freue mich bereits auf das Mittagessen bei meinem Lieblings-Italiener!»

«Ich freue mich mit meinen Kindern einen Ausflug zu machen!»

«Endlich ist es morgen, ich freue mich so sehr auf das Rendezvous am Abend!»

Ein geeignetes Frühstück

Der zweite wichtige Teil nach dem Aufstehen ist das Essen. Wenn du gleich morgens Kaffee zu dir nimmst und dir unterwegs zur Arbeit ein fettig triefendes Croissant oder einen Donut genehmigst, hast du bereits den Grundstein für einen unproduktiven Tag gelegt.

Das Koffein im Kaffee pusht dich zwar kurzfristig. Langfristig gesehen entzieht es dir aber Flüssigkeit aus dem Körper. Speisen wie Croissants und Donuts, aber auch Fleisch und Milch, sättigen nicht und werden direkt als Fett im Körper abgelegt. Sieht dein Frühstück so aus, wirst du mit grosser Wahrscheinlichkeit auch ein Gewichtsproblem haben. Oder du machst viel Sport, um dies zu kompensieren. Mehr, als nötig wäre.

Viel besser sind frische, unverarbeitete Produkte. Perfekt wären frische, «grüne Smoothies». Sie enthalten viele Vitamine und Ballaststoffe, sind aber leicht und geben dir ein gutes Gefühl. Ausserdem hast du für mindestens zwei bis drei Stunden keinen Hunger. Auch gut sind Protein-Shakes auf pflanzlicher Basis.

Morgenstund' hat Gold im Mund

Die ersten zwei Arbeitsstunden sind für die meisten Menschen die effizientesten des ganzen Tages. Nutze Sie!

Lass dich nicht ablenken und erledige Dinge, die viel Gedankenarbeit erfordern, gleich zuerst.

Trinke genug Wasser während dieser Zeit. Lege nach maximal zwei Stunden konzentrierter Arbeit unbedingt eine Pause ein. Falls du dich schnell in der Zeit verlierst, stelle einen Wecker. Esse eine Kleinigkeit. Eine Birne oder einen Apfel. Keinen Donut!

Nimm dir mindestens 10 bis 20 Minuten Zeit und gehe nach draussen oder in einen Aufenthaltsraum, einfach raus aus der üblichen Arbeitsumgebung, weg vom Schreibtisch.

Falls es dir möglich ist, dich irgendwohin zurückzuziehen oder gar zu meditieren, wäre das perfekt. Leider ist dies noch nicht überall möglich.

Lass deine Gedanken wegkommen von der Arbeit. Besprich etwas Privates mit einem Kollegen oder gehe kurz spazieren. Dein Gehirn und dein Geist brauchen Zeit, um sich zu erholen.

Machst du dies nicht und arbeitest einfach weiter, wirst du merken, wie du mit jeder Minute unkonzentrierter wirst. Es wird schwerer, sich auf eine Aufgabe zu fokussieren. Man lenkt sich schneller durch Kleinigkeiten ab und wird immer träger und müder.

Dein Gehirn und dein Geist brauchen Regenerationszeit vom konzentrierten Arbeiten. Mache einen «Schnitt» und beginne nach der Pause mit einer anderen Aufgabe, die möglichst auch thematisch anders ist, um andere Hirnregionen zu beanspruchen.

Eine längere Pause nach konzentrierter Arbeit hat einen weiteren Vorteil: Zu Beginn der Pause werden sich deine Gedanken noch um Probleme der vergangenen Stunde drehen. Da du nun dein bekanntes Arbeitsumfeld verlassen hast und das Gehirn anderweitig verwendet wird, fallen dir tolle Ideen für Problemlösungen ein.

Lasse die Gedanken zu und notiere die Ideen kurz auf, vertiefe sie aber nicht. Es ist wie ein Überdruckventil. Lass die «Hochdruck-

Gedanken» raus und es werden weniger. Nach einigen Minuten ist dein Gehirn offen für neue Themen.

Der Nachmittag hat auch Gold im Mund

Baue dir Pausen immer wieder im Tagesablauf ein, auch in deiner «Freizeit», falls nötig. Aber dort macht man dies interessanterweise meist intuitiv.

Füge einen solchen Pausenblock von 10 bis 20 Minuten auch am Nachmittag in deine Planung mit ein.

Mittags solltest du mindestens 40 bis 60 Minuten Pause einplanen. Versuche auch dann auf fettiges und fleischreiches Essen zu verzichten und wähle zum Beispiel einen Salat und ein leichtes Menü mit Gemüse und Reis oder Nudeln. Dann liegt dir das Essen weniger wie ein Stein im Magen und du kannst mit voller Energie die zweite Tageshälfte in Angriff nehmen. Falls möglich, nimm dir die Zeit und lege dich nach dem Essen hin. Im Winter ist das draussen oft nicht angenehm, aber viele Unternehmen bieten mittlerweile Rückzugsorte in ihren Räumlichkeiten an. Vielleicht findest du eine Alternative, sei kreativ. Zum Beispiel kannst du eine Hängematte installieren oder ein Luftsofa aufstellen. Deine Kollegen hätten bestimmt auch Freude, wenn sie es mitbenutzen dürfen. Oder du gehst mittags in ein Fitness-/Wellness-Center, wenn auch nur, um zu entspannen. Optimal wäre es, eine Yoga-Klasse zu besuchen. Ja, das machen auch Männer. Und wenn du der einzige bist, auch nicht so schlimm, oder?

Hältst du die Pausen ein und schaffst es, deinem Körper und Geist die Erholung zu gewähren, die er benötigt, bist du auch später am Tag noch genug leistungsfähig, sei es für einen langen Arbeitstag oder für Aktivitäten ausserhalb der Arbeit.

Energie durch Ausgeglichenheit

Die bestmögliche Produktivität erfordert eine innere Ausgeglichenheit.

Nur wenn du physisch, emotional, mental und spirituell im Einklang bist, kannst du das Beste aus dir herausholen. Das tönt nun etwas esoterisch, aber ich erkläre dir, was damit gemeint ist.

Das Ziel muss es sein, diese vier Eigenschaften in Einklang zu bringen und den Körper und Geist damit zu «synchronisieren».

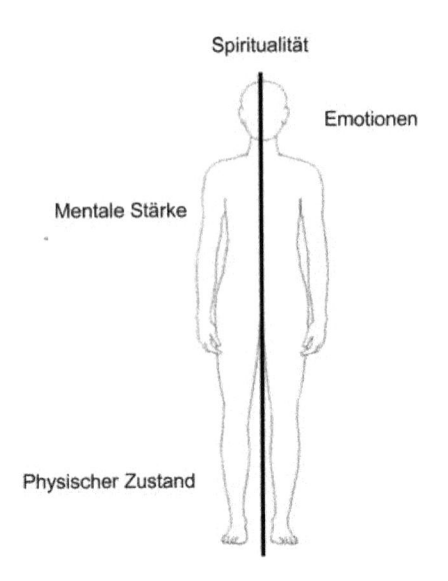

Abbildung 5: Physischer Zustand, mentale Stärke, Spiritualität und Emotionen im Einklang.

Dadurch erreichst du das Höchstmass an Energie und Ausgeglichenheit, um erfolgreich, effizient und produktiv zu werden.

Physischer Zustand

Wenn dein Körper mit sich selbst beschäftigt ist, kann er dir nicht genug Energie für eine fokussierte, produktive Arbeitsleistung zur Verfügung stellen. Bist du beispielsweise übergewichtig, ein starker Raucher oder leidest an Schlafstörungen und bist deshalb übermüdet, braucht der Körper mehr Energie, um sich zu erneuern und zu regenerieren, als es nötig wäre. Diese Energie, die er dazu aufwenden muss, steht dir nicht für «wichtige» Dinge zur Verfügung.

Mentale Stärke

Wenn deine Arbeit dich mental überfordert oder unterfordert, kannst du keine effiziente Leistung erbringen. Entweder du fühlst dich gelangweilt oder weisst nicht, wie du etwas anpacken sollst.

Stimmen deine Fähigkeiten nicht mit deinen Herausforderungen überein, entsteht ein Ungleichgewicht, welches dich deprimiert und ineffizient macht.

Diesem Phänomen kannst du dadurch begegnen, indem du deine mentale Stärke trainierst und deine Komfortzone regelmässig verlässt. Suche dir Tätigkeiten, die zu deinen bestehenden Fähigkeiten passen, dich fordern, aber nicht ständig überfordern.

Emotionale Stabilität

Wenn du keinen «emotionalen Frieden» in dir hast, lenkt dich dein Gehirn ständig ab und erinnert dich stetig an Dinge, die dich tief in deinem Innern belasten.

Das können zum Beispiel offene Konflikte in der Familie oder mit Freunden, aber natürlich auch im Geschäftsumfeld sein, ein Mitarbeitergespräch, das dich aufgewühlt hat, oder eine Prüfung, die schlecht gelaufen ist. Vermagst du deine Emotionen nicht in ein Gleichgewicht zu bringen, werden sie zu einem echten Problem, welches deine Zielerreichung verzögert oder gar verhindert.

Spiritualität

Hier geht es um das «grosse Ganze». Dein übergeordnetes Ziel, deine Vision, deine Vorstellung von deinem Leben und deine Werte. Und diese Dinge hast du im ersten Teil des Buches für dich herausgefunden.

Weisst du nicht, wie deine Tätigkeiten und deine Arbeit zur Erreichung deiner Bestimmung beitragen, wirst du nicht effizient arbeiten können.

Deine Arbeit muss ein Teil des grossen Ganzen sein. Jede Tätigkeit führt dich einen kleinen Schritt zu deinem übergeordneten Ziel, zu deiner Bestimmung. Nur so fühlst du dich erfüllt und gehst täglich voller Elan an die Arbeit, denn du weisst, für was du morgens aufstehst.

Was Energie mit Effizienz zu tun hat

Energie, wie oben beschrieben, ist der eigentliche Schlüssel zu mehr Effizienz, die Basis sozusagen, die Wurzel des Baumes.

Vielleicht ist das der Grund, wieso viele mit To-do-Listen und Aufgaben-Tools scheitern. Solche Tools und Apps sind nur Werkzeuge. Die Voraussetzung dafür, dass diese ihre volle Wirkung entfalten können, schaffen wir aber mit Energie (und Methoden).

Alles, was du tust, basiert auf dieser Erkenntnis. Ist dein Körper physisch nicht genug leistungsfähig, deine Arbeit zu erledigen, bist du zu schnell «ausgebrannt». Du kannst deine Zeit noch so gut einteilen, du wirst nicht so produktiv sein, wie du es sein könntest. Du wirst müde und deine Konzentration leidet. Das bedingt, dass du wiederum mehr Zeit in die Aufarbeitung von Themen investieren musst, dich immer wieder «im Kreis» drehst und die Aufgabe einfach keinen Abschluss findet.

Im mentalen Bereich wirst du ineffizient, sobald du Dinge nicht gerne machst und sie dich überfordern oder unterfordern. Alle drei Begebenheiten führen zur Unzufriedenheit, was wiederum zu Produktivitätseinbussen führt. Du schiebst Aufgaben auf die lange Bank oder erledigst sie nur halbherzig.

Sei ehrlich zu dir selbst und überlege einmal, ob du dich in deinem Job unter- oder überfordert fühlst.

Wahrscheinlich hast du deinen Job aktiv gesucht und angenommen. Daher ist davon auszugehen, dass er dir zumindest einmal zugesagt hat. Aber die Welt ändert sich und vielleicht bist du in Aufgaben hineingewachsen, welche du bei Stellenantritt gar nicht auf dem «Radar» hattest.

Falls sich hier herausstellen sollte, dass die mentale Job-Situation gravierenden negativen Einfluss auf dich hat, solltest du diese Problematik dringend mit deinem Vorgesetzten besprechen.

Ein weiterer wichtiger Aspekt, der deine Produktivität hemmen und teilweise zum Erliegen bringen kann, ist dein emotionaler Zustand.

Du kennst das bestimmt, zumindest von früher, wenn du frisch verliebt warst und Schmetterlinge im Bauch hattest oder du dich nach einer Trennung in einem schmerzlichen Zustand befandest. Ähnlich verhält es sich auch bei dem Verlust einer nahestehenden Person. In allen Fällen kannst du dich für eine kürzere oder auch längere Zeit nicht mehr auf andere Dinge als damit zusammenhängende Gedanken konzentrieren. Alles dreht sich um die Freude, den Schmerz, die Hilflosigkeit. Arbeiten wird zur Nebensache und du schweifst ständig ab. Du wirst unproduktiv und fehleranfällig.

Es gibt verschiedene Methoden, um in kurzer Zeit wieder auf den gewünschten «Pfad» zurückzufinden. Doch eine tiefergehende Behandlung dieses Themas passt nicht in dieses Buch. Stellst du hier ein Problem bei dir fest, dem du nicht selbst Herr werden kannst, suche dir externe Hilfe. Das muss keine hoch bezahlte «Fachperson» sein. Es reicht oft, einen Freund oder auch nur ein Tagebuch zu haben, das zuhört.

Falls du dich selbst diesbezüglich weiterbilden möchtest, suche im Internet nach dem Begriff «Tal der Tränen». Bei jeder Veränderung durchlebst du dieses Konzept. Du kannst es nicht verhindern, nur schneller durchleben.

Erhöhe deine Energie

Mit folgenden Schritten schaffst du es, deine innere Energie zu steigern und das Fundament für mehr Effizienz und Produktivität zu legen:

1. Ernähre dich gesund und ausgewogen.

2. Halte dich fit und bewege dich regelmässig, am besten gleich morgens.

3. Halte dein Gewicht in einem gesunden Rahmen.

4. Plane genug Regenerationszeit für Körper und Geist ein.

5. Stelle sicher, dass du deinen Aufgaben mental gewachsen bist. Herausforderungen sind gut, stetige Überforderung jedoch nicht.

6. Mache dich frei von nicht abgeschlossenen, emotionalen Begebenheiten. Lasse diese hinter dir und fokussiere dich auf das, was kommt.

7. Verwende deine Visionen und Passionen als Leuchtturm all deiner Tätigkeiten.

8. Leite aus deiner Vision die Ziele ab und verfolge sie fokussiert.

Schritt 7:
Der Faktor Zeit

Deine Tage haben genauso viele Minuten, wie die Tage jedes anderen Menschen. Hier schauen wir uns an, wie du diese Zeit am produktivsten nutzt.

Der vierte wichtige Aspekt für mehr Effizienz, Produktivität und Erfolg ist der Einsatz der Zeit.

Wenn wir über Zeit sprechen, sprechen wir gezwungenermassen auch über Zeitmanagement. Dabei ist dieser Begriff etwas missverständlich.

Wie wir gelernt haben, können wir die Zeit an sich nicht beeinflussen. Wir können nur möglichst viele zielgerichtete Dinge in der notwendigen Qualität und in der zur Verfügung stehenden Zeit erledigen.

Wir müssen also die vorhandene Zeit effizient nutzen. Dadurch können wir zum Beispiel mehr Dinge an einem Tag erledigen als bislang.

Zeitmanagement ist also Selbstmanagement. Und damit wären wir wieder bei der Selbstverantwortung!

Effizienz und Effektivität

Spricht man über Zeit- oder Selbstmanagement, kommt man an den beiden Begriffen Effizienz und Effektivität nicht vorbei.

Diese beiden Schlagworte liest du überall. Sie sind in Unternehmen omnipräsent. Leider wissen die wenigsten die eigentliche Bedeutung und sprechen meist von Effektivität. Effektivität alleine kann für ein Unternehmen aber tödlich sein.

Wenn man im Duden nachschlägt, findet man folgende Bedeutung von Effektivität: «Wirksamkeit, effektive Wirkung, Leistung».

Effizienz wird wie folgt definiert: «Wirksamkeit und Wirtschaftlichkeit».

Beides hat also mit Wirksamkeit zu tun, Effizienz aber auch mit Wirtschaftlichkeit. Das heisst: Es geht darum, mit dem geringstmöglichen Aufwand das bestmögliche Ergebnis zu erzielen.

Etwas plakativer ausgedrückt:

Du bekommst die Aufgabe, einen Baum zu fällen. Wenn du dazu einen Eimer voll Wasser verwendest, ist das weder effektiv noch effizient. Mit dem Eimer Wasser wirst du kaum den Baum fällen können. Die Werkzeuge «Eimer» und «Wasser» sind also ungeeignet und nicht effektiv.

Verwendest du hingegen eine Handsäge, bist du effektiv. Irgendwann wirst du damit den Baum gefällt haben. Anders gesagt, das Hilfsmittel unterstützt die Zielerreichung: das Fällen des Baumes.

Verwendest du eine Motorsäge, wirst du effizient. Du erreichst das Ziel schnellstmöglich und die Motorsäge ist auch ein geeignetes Werkzeug, um den Baum zu fällen.

Musst du einen halben Wald roden, gibt es wahrscheinlich noch effizientere Methoden. Aber die Idee sollte klar sein.

Es geht also darum, unser Leben, und damit unsere Zeit, möglichst effizient zu gestalten, um unsere Ziele mit den geeigneten Mitteln und möglichst auf dem direkten Weg zu erreichen.

Eine gute Work-Life-Balance zum Beispiel ist für die meisten viel und hart arbeitenden Personen durchaus erstrebenswert, denn Trennungen und Burn-outs machen in der Regel nicht glücklich(er).

Die Quizfrage lautet also:

Wie kann ich meine Zeit für Betrieb, Familie, Freunde und Hobbys so einteilen, dass nichts und niemand zu kurz kommt und trotzdem alle anfallenden Aufgaben und Verpflichtungen erledigt werden können?

Dazu ein weiterer Fakt zum Thema Zeit:

Wir setzen stets die Zeit für etwas ein, die wir geplant haben. Intuitiv verwenden wir Zeit nicht effizient.

Wir müssen uns daher ein Bewusstsein für die Zeit sowie für die Begriffe Effizienz und Effektivität schaffen.

Es gibt Dinge, die wirst du nicht effizient machen wollen. Stell' dir ein komplett effizientes Leben vor. Effiziente Grillpartys bei Freunden oder effizienter Sex. Es gibt Dinge, die möchte man nicht so effizient wie möglich machen, sondern man will die Zeit geniessen und das Beste dabei herausholen.

Diese Präferenzen sind jedoch von Mensch zu Mensch unterschiedlich. Einige mögen lieber effektive Dates, andere bevorzugen effiziente Dates. Effizientes Dating wäre beispielsweise Speeddating.

Nicht jeder mag effizientes Fitnesstraining. Man kann mit 20 bis 30 Minuten effizientem Training pro Tag problemlos zu seinem Traumkörper kommen. Eine Stunde joggen jedoch ist nicht effizient. Der Kalorienverbrauch liegt bei ca. 400-600 kcal. Auf einem Stepper habe ich schon 1000 kcal in derselben Zeit geschafft. Trotzdem gehe ich lieber Joggen, denn es gibt mir einen effektiven (vielleicht sogar effizienten) Ausgleich. Dass dabei noch Kalorien verbrennt werden, ist eine schöne Nebenerscheinung.

Gewohnheiten

Um effizient und produktiv zu werden, musst du die dafür verwendeten Methoden in dein Unterbewusstsein «einpflanzen». Sobald du dir keine Gedanken mehr über effiziente Abläufe machen musst, wirst du produktiver. Du wirst gleich verstehen, was ich meine.

Vielleicht hast du auch schon versucht, Gewohnheiten in deinem Leben zu ändern: weniger TV zu schauen, mehr Sport zu machen, mit dem Rauchen aufzuhören, abzunehmen oder gesünder zu essen. Diese Dinge sind typische «Neujahrs-Vorsätze». Sie halten bekanntlich nicht lange. Falls du ein regelmässiger Fitness-Studio-Besucher bist, ist dir bestimmt schon aufgefallen, dass der Januar kein guter Monat zum Trainieren ist. Zu voll, zu viele neue Mitglieder. Spätestens ab März scheint es, als sei nur noch die Hälfte der Leute im Studio. Der Schein täuscht nicht. Die allermeisten haben dann bereits ihren Vorsatz aufgegeben und sind in alte Muster zurückgefallen.

Woran liegt das nun?

Wir Menschen sind Gewohnheitstiere. Einmal aufgenommene Gewohnheiten verankern sich in unserem Unterbewusstsein und laufen ab, ohne dass wir darüber nachdenken müssen.

Das hat auch etwas Praktisches: Wir müssen nicht über jedes Detail nachdenken, sondern haben gespeicherte «Prozeduren», die uns sehr effizient machen.

Studien haben ergeben, dass wir zu 95 % von automatisierten, antrainierten Handlungen gesteuert werden.

Du merkst das auch daran, dass wir immer denselben Stuhl in einem Raum anpeilen, auch wenn wir erst einmal zuvor darauf Platz genommen haben. Und diese Routine hält dann oft jahrelang an. Wir SIND quasi Gewohnheiten. Denke einmal darüber nach. Wirklich alles, was wir machen und was wir denken, beruht auf einer Gewohnheit, Ob nun auf einer «guten» oder einer «schlechten». Wir haben sie uns über die Jahre, meist unbewusst, antrainiert.

Achte zum Beispiel einmal bewusst auf Dinge, die du genauso machst wie deine Eltern. Das können Bewegungen, Überzeugungen oder auch die Sprache sein. Du hast es so übernommen und nie hinterfragt. Diese Gewohnheiten haben sich von klein auf in dein Unterbewusstsein gebrannt. Auch spannend ist Folgendes: Wenn du regelmässig und intensiv mit neuen Kollegen oder Freunden zusammen bist, wie zum Beispiel bei einer neuen Arbeitsstelle, kopierst du ihr Verhalten und ihre Gewohnheiten ganz automatisch, ohne dass du es merkst.

Das Positive an dieser Tatsache ist, dass du jede Gewohnheit innert 30 bis 60 Tagen ändern kannst. Nach 30 Tagen ist die neue Gewohnheit von deinem «Automatismus-Gehirn» übernommen. Dann musst du nicht mehr darüber nachdenken, ob und wie du etwas machst. Es wird zur Gewohnheit.

Wieso gerade 30 Tage, fragst du dich nun? Es gibt Studien dazu und viele, viele Selbstversuche.

Die NASA zum Beispiel hat vor einiger Zeit eine Studie mit Astronauten-Anwärtern durchgeführt. Dabei mussten diese eine Brille tragen, mit der sie die «Welt auf dem Kopf» sahen, d. h. als würden sie im Handstand durchs Leben gehen. Zwei Gruppen hatten die Brille für knapp 30 Tage zu tragen, eine Gruppe mit angeordneten Unterbrüchen, die andere Gruppe nahtlos. Die erste Gruppe hatte ihre Mühe und fand sich im Alltag nicht zurecht. Gruppe Nr. 2, die für 30 Tage nahtlos die Brille aufhatte, konnte sich danach «ganz normal» bewegen und sich im Alltag zurechtfinden. Das Gehirn und das Unterbewusstsein hatten sich daran gewöhnt.

Falls du also Gewohnheiten verändern möchtest, um ein bestimmtes Ziel zu erreichen (zum Beispiel keine Schokolade mehr essen), musst du das für mind. 30 Tage am Stück durchziehen. Das kann hart sein, aber du weisst nun, dass es sich lohnt.

Probiere es am besten einfach selbst aus. Ich kann aus eigener Erfahrung bestätigen, dass 30 Tage für kleinere Gewohnheitsänderungen ausreichen. Für neue Angewohnheiten habe ich auch schon 90 Tage und mehr benötigt, um sie in meinem Unterbewusstsein zu verankern.

Hast du dir erfolgreich eine neue Gewohnheit angeeignet, merkst du ein Versäumnis so, wie dir auch auffällt, wenn du ohne Zähneputzen zu Bett gehst. Dein Gehirn meldet das sofort, denn es fehlt eine Tätigkeit in deiner ständigen Routine.

Sehr wichtig, nimm dir dies zu Herzen:

Versuche nicht alle Gewohnheiten auf einmal zu ändern. Wähle eine «Dosis», die du dir zutraust, und gebe dir die Zeit. Willst du alles auf einmal, überforderst du deinen Geist. Gehe «inkrementell» vor. Ein Schritt nach dem anderen. Ändere maximal eine grössere und zwei kleinere Gewohnheiten zur selben Zeit. Gebe dir die 30 Tage Zeit für die Festigung, bevor du zur nächsten Änderung schreitest.

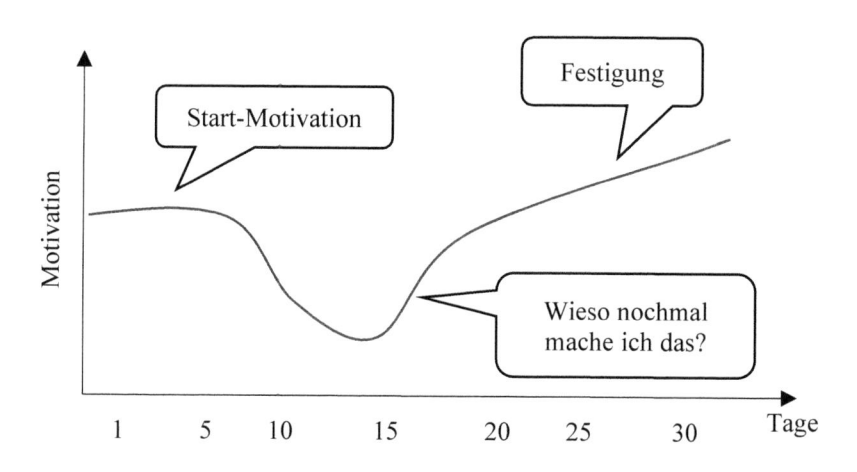

Abbildung 6: Motivationskurve bei Gewohnheitsänderungen

Du wirst nach den ersten Tagen an anfänglicher Motivation einbüssen und musst durchhalten. Die zweite Hälfte gibt dir wieder Kraft, denn du spürst langsam die positiven Effekte.

Bewusstsein und Akzeptanz

Der erste Schritt zu einer jeden Verbesserung ist das Schaffen von Bewusstsein und Akzeptanz.

Sobald du Probleme nicht mehr verdrängst oder als «nicht so wichtig» abstempelst, machst du den ersten Schritt in die richtige Richtung. Anerkenne ein «Problem» als solches. Dies bringt dir eine völlig neue mentale Ausgangslage für die Lösung.

Fühlst du dich zum Beispiel unwohl, wenn du das Gewicht auf der Waage abliest, auf der du stehst?

So ist es nun einmal. Du kannst die Zeit nicht zurückdrehen. Akzeptiere es, sei ehrlich zu dir selbst. Wieso fühlst du dich schlecht dabei? Welche Zahl wäre dir lieber?

Oder hast du einen wichtigen Abgabetermin für eine Arbeit verpasst?

Dann hast du wohl dieses Buch zu spät gelesen. Du kannst es nicht mehr ändern. Mache das Beste daraus und rufe deinen Auftraggeber an, um dich zu entschuldigen. Es ist passiert. Die Welt dreht sich dennoch weiter.

Akzeptiere innerlich die Gegebenheit, auch wenn sie dir nicht gefällt. Akzeptiere, dass die Situation so ist, wie sie ist. Du kannst sie nicht ungeschehen machen.

Wenn du eine neue Situation so akzeptiert hast, wie sie ist, kannst du viel einfacher und weniger emotional damit umgehen.

Auch wenn es nicht möglich ist, die Zeit zurückzudrehen, kannst du dennoch ab sofort etwas unternehmen, um solche Situationen in Zukunft zu vermeiden. Du musst deine Gewohnheiten ändern.

Wenn du dir antrainierst, bei negativen Begebenheiten zuerst mit Bewusstsein und Akzeptanz darauf zu antworten, schaffst du dir eine ganz andere Ausgangslage als dann, wenn du dich aufregst und enttäuscht bist. Du kommst dann schneller wieder auf den richtigen und lösungsorientierten Pfad.

Routinen ändern die Gewohnheit

Gewohnheiten werden durch Routinen quasi in das Gehirn «eingebrannt» respektive antrainiert. Routinen sind sich immer wiederholende Tätigkeiten oder Abläufe. Diese werden mit der Zeit so selbstverständlich, dass du nicht mehr darüber nachzudenken brauchst. Das «Ur-Gehirn» spult einfach das gelernte Programm ab. Dadurch hast du mehr Kapazität für anderes im logischen Gehirn und wirst effizienter.

Damit du die neue Routine durchhältst, bis du sie verinnerlicht hast, brauchst du Motivation.

Eigentlich funktionieren nur intrinsische Motivatoren, also solche, die von «innen» kommen. Jene Erwartungen, von denen du dir einen persönlichen Vorteil oder weniger Leid versprichst.

Geld oder die Vorstellung von schönen Urlauben oder einem neuen Auto sind extrinsische Motivatoren und bringen dir keine nachhaltige Unterstützung.

Mit reinem Willen ein Ziel zu erreichen, des Willens wegen, ist möglich, aber sehr schwer. Du brauchst einen guten Grund, wieso du etwas willst. Ein übergeordnetes Ziel.

Die meisten Ziele basieren entweder auf der Angst, dass etwas bleibt oder etwas schlimmer wird, was man nicht mag, oder auf der Freude über etwas, wenn man es erreicht hat.

Die Angst als treibende Kraft zu verwenden, um neue Gewohnheiten zu schaffen, funktioniert sehr gut. Ich empfehle allerdings den anderen Ansatz. Definiere dein Ziel und visualisiere, wie es ist, wenn du die neue Gewohnheit «implementiert» hast.

Der Hintergedanke ist folgender: Wir werden zu dem, was wir denken. Wenn du negative Gedanken als «Antreiber» verwendest, fokussiert sich das Gehirn auf die negativen Aspekte. Dies erschwert es extrem, erfolgreich zu sein. Du konzentrierst dich unterbewusst auf die negativen, anstatt die positiven Dinge, die du erreichen willst.

Das Vorgehen ist wie folgt:

1. Analysiere das Problem, das du hast.

    Wieso ist es ein Problem?

    Wie wäre die Situation optimal?

Es ist nicht relevant, wieso du in dieser Situation bist und wer daran Schuld hat. Das Ziel ist es, die Situation zu verbessern.

2. Überlege dir, was du ändern musst, damit du die optimale Situation erreichen kannst.
3. Definiere Tätigkeiten als Routine, durch die das gewünschte Ziel erreicht werden kann.
4. Lege genau fest, wann und wie du die Routine ausführst.
5. Visualisiere dir (gegebenenfalls mehrmals) täglich die Situation im Ziel-Zustand. Wie fühlst du dich? Was ist besser?

Falls du merkst, dass du Schwierigkeiten hast, die Routine wie geplant umzusetzen, überprüfe, was der Auslöser war. Dann musst du allenfalls einen Schritt zurück und zuerst eine andere Gewohnheit ändern.

Um diesbezüglich bessere Entscheidungen treffen zu können, schreibst du täglich eine kurze Zusammenfassung, ob und wie du mit der neuen Routine klarkommst. Damit hast du auch einen Anhaltspunkt, welche anderen Gewohnheiten dich von der Umsetzung abhalten.

Du kannst deine Gewohnheitsänderungen auf dem Papier überwachen oder eine der vielen Apps verwenden, die es dafür gibt. Suche einfach in dem zu deinem Smartphone passenden App-Store nach «Habit Tracker» und probiere einige aus.

Beispiel:

Tom arbeitet abends immer länger und länger, obwohl er alles versucht, um pünktlich aus dem Büro zu kommen. Aber es gelingt ihm nicht. Immer kommen neue Aufgaben dazu, die «sofort» erledigt sein müssen oder die er gleich abarbeiten möchte, denn er weiss, dass morgen dafür keine Zeit ist.

Deswegen werden ihm schon böse Blicke zugeworfen, wenn er nach Hause kommt. Die Kinder sind bereits im Bett.

Er stellt fest, dass er etwas an der Situation verändern muss, um Schlimmeres zu verhindern.

Seine Angst-Motivatoren sind:

- Eheprobleme
- Unverständnis in der Familie
- Die Kinder respektieren ihn nicht mehr
- Eine mögliche Trennung (und alles, was danach kommt)

Die positiven Motivatoren sind:

- Wertvolle Familienzeit, die ihn mental von den Job-Gedanken «regenerieren» lässt.
- Eine enge Beziehung zu seiner Frau und den Kindern.
- Mentale Ausgeglichenheit.

- Dankbarkeit der Kinder dafür, dass er sie ernst nimmt und Zeit mit ihnen verbringt.
- Lebensfreude, die sich auch auf seine Arbeit positiv auswirkt.

Er stellt sich visuell (mit dem geistigen Auge) vor, wie sein Leben aussieht, wenn er sein Ziel erreicht hat und regelmässig wertvolle Zeit mit Frau und Familie verbringt.

Hinweis: Falls du nun das Gefühl hast, für dich funktioniert der Angst-Motivator einer möglichen Trennung besser, ist das auch in Ordnung. Du musst herausfinden, welche Motivatoren besser für dich passen. Vielleicht funktioniert auch, je nach Situation, die eine oder die andere besser.

Tom beschliesst, jeweils am Dienstag und am Donnerstag, pünktlich um 17 Uhr zu Hause zu sein, um sich Zeit für die Familie zu nehmen. Der Samstag wird nach Bedarf verplant. Der Sonntag allerdings ist ebenfalls für Unternehmungen mit der Familie reserviert.

Um das Ziel zu erreichen, sperrt er diese Termine in seinem Kalender gleich für die nächsten sechs Monate. Diese «Termine mit der Familie» werden genauso priorisiert, wie die am höchsten priorisierten Geschäftstermine. Er nimmt sich vor, maximal eine Ausnahme in zwei Monaten zu machen.

In der ersten Woche kann Tom seine Termine gut um die «Familien-Blocker» legen. Er ist überrascht und erfreut, wie viel besser es ihm am folgenden Tag geht. Tom ist ausgeglichener und motivierter bei seiner Arbeit.

Allerdings braucht er zu Beginn etwas Überwindung, die Familien-Termine nicht durch wichtige geschäftliche Terminanfragen zu ersetzen. Vor allem Meetings anzunehmen, die ihn nur eine halbe Stunde später zu Hause sein lassen würden, sind sehr verlockend. Doch er weiss: Beginnt er damit, öffnet er die «Büchse der Pandora» und er fällt in alte Muster zurück. Die Familie wird wieder weniger wichtig als der Job.

Er beisst sich also durch, immer sein Ziel, seine Motivation vor Augen. Er lehnt sämtliche Termine ab, die auch nur ansatzweise danach aussehen, dass er nicht pünktlich bei seiner Familie sein könnte.

Es funktioniert. Mit jeder Woche wird es einfacher, der Versuchung zu widerstehen, Familienzeit gegen weitere Meetings einzutauschen. Er fühlt sich immer besser und wird nach und nach zu einem ausgeglichenen Menschen. Er geniesst es, aktiv beim Grosswerden der Kinder zuschauen zu können und nicht irgendwann zu einem «Fremden» zu verkommen.

Mittlerweile hat er noch eine weitere Massnahme ergriffen. Er hat sich jeden Samstagabend gemeinsame Zeit mit seiner Frau für Essen, Kino oder einfach nur Reden genommen, Zeit, die sie so schon lange nicht mehr für sich hatten. Auf die Kinder passt ein Babysitter auf.

Wie du Rückschritte vermeidest

Bleibe in der «Trainingsphase» einer neuen Routine standhaft und behalte sie bei. Definiere, wie im Beispiel von Tom, das **«Wann, Wo und Wie»**.

In verschiedenen Studien hat man herausgefunden, dass Personen, die zuvor definieren, wann sie eine Aufgabe erledigen, signifikant öfter (z. T. mehr als doppelt so oft) ihr Ziel erreichen als Leute, die diese Tätigkeit ungeplant auf ihrer To-do-Liste hatten.

Routinen werden umso eher zu Gewohnheiten, je konstanter sie gelebt werden. Wenn du beispielsweise bestimmte Wochentage oder Zeiten definierst, gewöhnst nicht nur du dich daran, sondern auch dein Umfeld. Es ist nach einer Weile allen von der neuen Gewohnheit betroffenen Personen automatisch klar, dass es so ist, wie es ist.

Auch Mitarbeiter, Kunden oder dein Chef gewöhnen sich an die Änderung. Je konsequenter deine Umsetzung, desto schneller geschieht das. Es wird zu einer Tatsache, die von allen respektiert wird.

In einem Beispiel wie dem von Tom könntest du versucht sein, die Tage «dynamisch» zu gestalten und beispielsweise eine Woche im Voraus jeweils unterschiedliche Abende pro Woche zu definieren, an welchen du eher nach Hause gehst. Mit diesem Ansatz ist die Chance aber viel höher, dass du beginnst, «Kompromisse» einzugehen. Fixen Terminen, die zur Gewohnheit werden, wohnt ein vielfach höheres Verpflichtungsgefühl von allen Seiten inne.

Zeitfresser

«Zeitfresser» sind Dinge, die dir mehr Zeiteinsatz abverlangen, als dir lieb ist.

Vermagst du diese Dinge zu identifizieren und zu optimieren, schaffst du dir «freie» Zeit.

Perfektionismus ist zum Beispiel auch ein Zeitfresser.

Weitere Beispiele:

- Meetings, bei denen deine Anwesenheit nicht nötig wäre.
- Lange Diskussionen, die nicht zum Ziel führen.
- Der Arbeitsweg, sofern du diesen nicht produktiv zur Erholung oder zur Arbeit nutzen kannst.
- Nicht fokussierte Arbeitsweise (ständige Ablenkung).
- Schlechte Gewohnheiten.

Bist du in der Lage, Zeitfresser als solche zu erkennen, kannst du die Auswirkung der Zeitfresser durch neue Routinen reduzieren und richtig «Zeit zu sparen».

Zeitfresser eliminieren

Was machst du morgens als Erstes? Wahrscheinlich sogar als Erstes nach dem Aufstehen (oder noch im Bett)?

Mit hoher Wahrscheinlichkeit liest du bereits die geschäftlichen Mails auf deinem Smartphone oder öffnest eine Social Media App.

Falls nicht, hast du schon gewonnen. Allerdings stehen dann die Chancen umso höher, dass du gleich die E-Mails anschaust, sobald du den Computer im Büro hochgefahren hast.

Dieses Verhalten wurde regelrecht in uns hinein programmiert: möglichst schnell antworten. Das wird erwartet, sagt man.

Aber ganz ehrlich: Von wem wird das erwartet? E-Mail ist ein «asynchrones», also zeitversetztes Kommunikationsmittel. Es wird nicht erwartet, dass du gleich morgens als Erstes alle Mails beantwortest, es sein denn, das ist dein Job und du hast sonst keine Ahnung, was du den ganzen Tag machen sollst.

Also lass' es und erledige zuerst wichtige Dinge. Die ersten zwei Stunden sind die produktivsten. Verschwende sie nicht für langwierige E-Mails.

Ausserdem: Wenn du die E-Mails später bearbeitest, hast du einen Zeitvorteil. Einige Anfragen werden sich bereits wieder erledigt haben oder andere wichtige Personen haben sich inzwischen zu Wort gemeldet.

Deaktiviere auch die Benachrichtigungen auf dem Smartphone. Ich weiss, es braucht einen unglaublichen Durchhaltewillen. Aber es lohnt sich.

Für die höchste Effizienz gehe wie folgt vor:

- Bearbeite E-Mails nur in zuvor eingeplanten Zeitfenstern.
- Lade die E-Mails herunter.
- Schaue die E-Mails kurz durch und priorisiere sie entweder im Kopf oder mithilfe des Mail-Programms (zum Beispiel farblich markieren). Lerne dazu die passenden Tastatur-Shortcuts, um möglichst schnell zu sein.
- Lösche gleich so viele E-Mails wie möglich.
- Erstelle für häufige, ähnliche Antworten, sogenannte Templates (Vorlagen), zum Beispiel mithilfe der Signatur-Funktion, oder als E-Mail-Entwurf. Diesen kannst du kopieren und so innert Sekunden antworten, ohne «kurz angebunden» zu wirken.
- Bearbeite nun die als wichtig markierten Mails zuerst. Solltest du im vorgesehenen Zeitfenster nicht durchkommen, schreibe eine kurze Information an den Absender und verschiebe die weitere Bearbeitung auf den nächsten Block.
- Solltest du beim letzten E-Mail-Block des Tages noch wichtige Mails zur Bearbeitung übrig haben, plane einen etwas längeren Block am nächsten Tag ein.
- Verwende nie mehr Zeit, als dein geplanter Zeitblock zulässt. Du bringst damit deine ganze Planung durcheinander und reduzierst dadurch die Effizienz.

Praxis-Tipps

Automatische E-Mail-Antwort

Du kannst die Auto-Antwort Funktion (mit oder ohne Kombination mit einer «Regel»-Funktion) nutzen, um den Absender darauf hinzuweisen, dass er innert einer bestimmten Zeitspanne mit einer Rückmeldung rechnen kann. So kannst du zum Beispiel schreiben: «Vielen Dank für Ihre Nachricht. Ich werde diese üblicherweise innerhalb von 24 Stunden bearbeiten.»

Erreichbarkeit im Urlaub

Wenn du Urlaub machst, empfehle ich dringend, einen kompletten «disconnect» zu machen. Am besten, du lässt dein Geschäfts-Smartphone gleich zu Hause.

Wenn du den Urlaub gut vorbereitet hast (beruflich gesehen), ist es auch nicht notwendig, ständig erreichbar zu sein. Du kannst dann folgende Abwesenheits-Notiz verwenden:

«Guten Tag,

Ich befinde mich bis zum XXX im Urlaub, um meine Batterien aufzuladen und damit ich auch in Zukunft eine zuverlässige Ansprechperson für Sie sein kann.

Während dieser Zeit wenden Sie sich bitte an meine Stellvertreter

xxxxxxx

Wichtig: Um nach meiner Rückkehr nicht tagelang alte E-Mails bearbeiten zu müssen, wurde Ihre Anfrage direkt gelöscht. Falls Sie ein persönliches Anliegen an mich haben, stellen Sie dieses bitte erneut nach meiner Rückkehr am XXXX.»

Du denkst nun vielleicht: «Das kann ich doch nicht machen!»

Doch. Du kannst, zumindest, wenn du einen Stellvertreter hast. Es ist sogar sehr effektiv und wird von den allermeisten Leuten akzeptiert und verstanden. Im Gegenteil. Viele sind neidisch, dass sie das selbst noch nie durchgezogen haben.

Ein technischer Hinweis:

Je nach verwendetem E-Mail-System kann es sein, dass Abwesenheitsnachrichten nur einmal pro Absender verschickt werden. Das heisst, wenn der gleiche Absender eine Woche später erneut eine Mail sendet, erhält er die Meldung nicht mehr. Dies kann zu unerwünschten Ergebnissen führen. Kläre ab, wie sich das bei dir verhält, bevor du die Funktion verwendest.

Alternativ ist es möglich, über die «Regel-Funktion» Antworten an sämtliche Absender zu senden. Diese Funktion hat nichts mit der Abwesenheits-Notiz zu tun und wird für jede Nachricht angewandt, auf die der Regel-Filter zutrifft.

Multitasking

Jeder wäre gerne ein Multi-Tasking-Meister. Aber wirklich können tut es niemand. Multitasking, also mehrere Dinge parallel erledigen, ist uns Menschen nicht angeboren. Wir können zwar in begrenztem Masse bewusst mehrere Dinge (mehr oder weniger) parallel machen, aber die Qualität ist dann meist nicht die Beste.

Der Begriff Multitasking wurde (zumindest für mich) durch das Erscheinen von Microsoft Windows 95 in die Welt getragen. Das erste Mal war es einem Betriebssystem möglich, parallel mehrere Fenster geöffnet zu haben. Allerdings konnte Windows 95 gar kein Multitasking, es sah nur so aus.

Genau wie bei uns Menschen.

Multitasking bringt uns meist keinen Mehrwert. Im Gegenteil. Es fordert deinem Gehirn viele, schnelle Gedankensprünge ab, sodass es sich nicht auf ein Thema fokussieren kann. Multitasking ist also nicht sehr effizient, aber manchmal unumgänglich.

Daher die Empfehlung: Vermeide Multitasking, so gut es geht, und plane extra Zeitblöcke ein, in denen du Dinge erledigst, die verschiedene Tätigkeiten gleichzeitig oder innert kurzer Zeit beinhalten.

Das Bearbeiten von E-Mails zum Beispiel ist eine prädestinierte Multitasking-Aufgabe. Du liest ein Mail, musst etwas nachschauen, nachfragen, abklären o. ä. und antwortest anschliessend.

Zeitver(sch)wendung

Warst du schon einmal an einer Besprechung, die für 1 h angesetzt wurde, aber nach gut 30 min eigentlich alles gesagt war? Das gibt's selten, aber es kann vorkommen. In solchen Fällen ist es oft so, dass die Besprechung trotzdem 45 min dauert, «weil man ja noch Zeit hat». Keiner ist in Eile, weil die Stunde eingeplant war. Und so wird alles nochmals kurz besprochen und verifiziert, obwohl alles gesagt ist.

Hast du jemals etwas in 10 Minuten erledigt, das normalerweise eine Stunde benötigt, weil es sehr dringend war? Bestimmt. Vielleicht nicht mit derselben Qualität, aber ausreichend für den Zweck, den es erfüllen sollte.

Du hast hier ganz intuitiv das Pareto-Prinzip angewendet, zu dem wir gleich kommen.

Ein weiteres Beispiel war die TV-Sendung «Wetten, dass..?». Thomas Gottschalk hat jede Sendung überzogen. Je mehr Folgen es gab, desto länger wurde die Sendung. Da er nicht eingeschränkt wurde, hat er sich so viel Zeit genommen, wie er wollte. In diesem Fall war das natürlich auch im Sinne des Senders.

Wir geben uns also selbst vor, wie viel Zeit wir für etwas einsetzen und inwieweit wir diese ausnützen.

Der Punkt ist allerdings folgender: Wir Menschen tendieren dazu, stets die Zeit, die uns für etwas zur Verfügung steht respektive die wir für etwas eingeplant haben, auch zu verwenden.

Wenn du dir für eine Aufgabe weniger Zeit einplanst, als deine Erfahrung dich schätzen lässt, können zwei Dinge passieren:

1. Du verfällst in Stress.
2. Du arbeitest nach dem Pareto-Prinzip.

Gespräche beenden, die sich im Kreis drehen.

Sehr nervig kann es sein, wenn man in ein Gespräch verwickelt ist, welches sich immer im Kreis zu drehen scheint. Es gibt keinen Mehrwert, man diskutiert immer über das Gleiche. Der Sinn des Gesprächs ist einem oft gar nicht mehr klar.

Solche Gespräche zu beenden, benötigt je nach Situation etwas Fingerspitzengefühl.

Bei geschäftlichen Besprechungen kann das nächste Traktandum als Hilfsmittel dienen. Hast du das Gefühl, die aktuelle Diskussion nimmt kein Ende, lenke auf den nächsten Punkt auf der Tagesordnung und notiere den aktuellen Stand zum gerade geführten Dialog.

Empfehle, diesen Punkt beim nächsten Meeting erneut aufzugreifen, und definiere, wie er dann schneller bereinigt werden kann. So können in der Zwischenzeit beispielsweise weitere Abklärungen vorgenommen oder Argumente abgewogen werden.

Bei Kunden oder Freunden kann dieser Ansatz etwas schwieriger umzusetzen sein.

Kunden oder Freunde wimmelt man nicht gerne ab. Trotzdem gibt es einige Ansätze, die du ausprobieren kannst:

1. Falls du bereits eine gute Beziehung zum Kunden hast und ihn schon länger kennst, spreche ihn offen auf die Problematik an. Erkläre ihm, dass du seine Meinung sehr schätzt, du aber auch noch andere Kunden zu bedienen hast. Offeriere ihm, sich einmal im Monat ausserhalb der normalen Arbeitszeiten «auf einen Drink» zu treffen und seine Anliegen anzuhören. Diese Leute brauchen oft einfach ein Ventil und sind mit einer solchen Geste sehr gerührt, weil du ihnen explizit und exklusiv Zeit einräumst.

2. Bei Kunden ohne engere Beziehung ist es ähnlich. Auch sie haben das Bedürfnis, sich mitzuteilen. Du kannst etwas in dieser Art versuchen:

«Ich freue mich sehr, interessantes Feedback von Kunden wie Ihnen entgegennehmen zu können. Ich bin mir sicher, Sie möchten auch, dass andere Kunden die Möglichkeit haben, eine gute Dienstleistung und schnelle Antworten zu erhalten. Daher bin ich überzeugt, Sie haben Verständnis, wenn ich mich nun um weitere Kundenanliegen kümmere.»

Zeige dem Kunden deine Wertschätzung und unterstreiche die Wichtigkeit seiner Botschaft.

Wecke in ihm ein gutes Gefühl, wenn er dich nun deine Arbeit machen lässt. Er trägt quasi dazu bei, anderen Kunden schneller zu helfen.

3. Lasse das Gegenüber ausreden und beende das Gespräch, sobald ihm die Worte ausgehen. Oft geht es Leuten nur darum, «Luft» abzulassen und ein «Opfer» zu finden, welches zuhört. Sie fühlen sich dann besser und bestätigt. Meistens bedanken sie sich sogar für das tolle Gespräch, obwohl nur sie selbst gesprochen haben. Erkennst du einen solchen Fall, lass dein Gegenüber aussprechen. Stelle keine oder nur sehr kurze Fragen. Lass' das Gespräch auf dich wirken und warte, bis das Gegenüber nach neuen Worten und Argumenten sucht. Nach einer Weile ist die Luft raus und du kannst problemlos mit ein paar netten Gesten das Gespräch beenden. Das geht in etwa so:

«Vielen Dank für Ihr Feedback. Ich werde diese Informationen gerne aufnehmen. Ich bitte Sie, mich nun zu entschuldigen, denn ich habe bereits den nächsten Termin».

Das funktioniert natürlich nicht nur bei Kunden, sondern auch bei Kollegen oder Freunden.

Kürzere Meetings

Bei Kundenbesuchen, Telefonaten oder jeglicher Art von Meeting sollte penibel auf die Zeit geachtet werden. Speziell bei den ersten Meetings mit Kunden ist «Socializing» gut und erwünscht. Dennoch sollte der Plan (auch zugunsten des Kunden) eingehalten werden. Er sieht es bestimmt nicht ungern, wenn die Zeit effizient eingesetzt wird. Er bezahlt schliesslich viel Geld dafür. Das gilt übrigens auch für Lieferanten. Stehle nicht unnötig seine wertvolle Zeit.

Über das Thema, wie man effiziente Sitzungen plant und durchführt, gibt es viele Bücher und Online-Ressourcen. Daher gehen wir nicht detailliert auf diese Themen ein. Das Wichtigste schlussendlich ist die Einhaltung der geplanten Zeit.

Mit folgenden Tipps kommst du auch mit wenig Planungsaufwand zum Ziel:

- Erstelle zumindest einen groben (besser detaillierten) Ablaufplan für die Besprechung mit erwartetem Zeitaufwand pro Traktandum.

- Schaue darauf, stets die Zeit im Blick zu behalten und mit dem erwarteten Fortschritt der Diskussion abzugleichen. Falls notwendig, kürze die Diskussion ab und gehe zum nächsten Punkt über.

- Weise 10-15 Minuten vor dem Ende der geplanten Zeit höflich darauf hin, dass du einen weiteren Termin hast und das Meeting zu Ende gebracht werden sollte.

- Fasse die besprochenen Punkte zusammen und spreche offene Punkte an.

- Gehe nicht ausführlich auf offene Punkte ein, sondern sprich ab, wie damit weiter verfahren wird. Lege, falls möglich, direkt einen nächsten Termin fest.

Dieses Vorgehen ist manchmal nicht ganz ideal, da gute Diskussionen unterbrochen werden. Dennoch ist es langfristig unerlässlich, denn sonst wird es zur Gewohnheit.

Und diese Gewohnheit besteht vielfach bereits heute und ist genau eine von den Gegebenheiten, die wir aus Effizienzgründen ändern möchten.

Das Pareto-Prinzip

Bestimmt hast du in deinem Werdegang schon öfters vom «Pareto-Prinzip» gehört, der sogenannten 80-zu-20-Regel. Diese Regel wurde von Vilfredo Pareto im neunzehnten Jahrhundert aufgestellt. Sie wird oft im Bereich des Projekt- und Zeitmanagements gelehrt und sagt aus, dass 80 % des Ergebnisses in 20 % der eingesetzten Zeit zustande kommt. Für die restlichen 20 % des Ergebnisses werden die übrigen 80 % der Zeit aufgewendet.

Oft wird das aber falsch verstanden oder gar gelehrt, denn wenn du 100 % eines Ergebnisses anstrebst, brauchst du auch 100 % der Zeit. Wenn du nur 20 % der Zeit aufwendest, erhältst du nicht das Ergebnis, welches du als 100 % definiert hast, sondern nur 80 %.

Wenn diese 80 % reichen, ist das ein guter Ansatz. Meine Erfahrung ist aber, dass alle von «80-20» sprechen und am Schluss ein 120 %-Ergebnis haben wollen.

Das viel Interessantere an der Forschung Paretos besteht aber in der Tatsache, dass es sich eigentlich nicht nur um ein Prinzip handelt, sondern um ein Naturgesetz.

Die genauen Zusammenhänge konnte wohl bislang noch niemand beweisen, aber Pareto fand heraus, dass diese 80-zu-20-Regel praktisch überall Gültigkeit hat.

20 % der Flüsse transportieren 80 % des Wassers. 20 % der Weltbevölkerung verfügt über 80 % des weltweiten Vermögens. 20 % der Pflanzen produzieren 80 % des Sauerstoffs und so weiter.

Dieses Naturgesetz kann in vielen Fällen auch auf Unternehmensstrukturen übertragen werden.

Beispielsweise generieren 20 % der Kunden 80 % des Umsatzes, während die restlichen 80 % Kunden nur 20 % des Umsatzes ausmachen.

Allerdings: Die Anzahl der Vergleichsobjekte muss statistisch signifikant sein.

Der Vergleich geht nur auf, wenn eine genügend grosse Anzahl Kunden vorhanden ist.

Falls du hundert oder mehr Kunden hast, schau' doch mal, ob diese Regel auch bei dir zutrifft.

Natürlich stimmen diese Prozentzahlen nur selten exakt. Aber die Grössenordnung dürfte hinkommen.

Das gilt natürlich auch für deine Vorhaben. Mit 20 % deiner Aktivitäten erfüllst du 80 % deiner Ziele.

Was kannst du nun aus dieser Erkenntnis für dich ableiten?

Wenn du verstanden hast und dir bewusst bist, dass es sich um ein Naturgesetz handelt und nicht um eine tolle Erfindung eines Marketing-Experten, kannst du dich komplett auf diese Regel einlassen und sie zu deinem Vorteil nutzen.

Wenn du es schaffst, ein Ergebnis, welches deiner Meinung nach nur zu 80 % fertiggestellt ist, als ein 100 %-Ergebnis zu «verkaufen», wirst du extrem effizient.

Ein Beispiel:

Du kreierst ein neues Angebot, was 100 Stunden Aufwand bedeutet. In 20 Stunden hast du bereits alle Kernelemente abgedeckt und ein brauchbares Ergebnis. Die kleinen Details, die dich nun nochmals für 80 Stunden fordern, sind im Grunde ineffizient, weil sie das Produkt nicht besser machen. Viele sprechen hier von «Perfektionismus».

Du denkst nun bestimmt: «Er hat recht, aber diese Aussagen sind völlig realitätsfremd». Da muss ich dir auch ein Stück weit recht geben. Ein zu 80 % fertiges Produkt ist eben kein zu 100 % fertiges Produkt. Perfektionismus ist manchmal eben unvermeidlich.

Es gibt aber durchaus Bereiche, in denen diese Regel so umgesetzt werden kann. Halte die Augen offen und probiere es einfach mal aus.

Viele weltbekannte Firmen gehen diesen Weg, auch wegen des Marktdruckes. Daher sind vor allem Produkte in umstrittenen Märkten, wie zum Beispiel Smartphones, bei der Einführung selten «perfekt». Die Kunden werden als Beta-Tester eingesetzt. Mut zur Lücke! Frei nach dem Prinzip: besser effizient als zu spät.

Ein weiteres Beispiel:

Du musst eine Präsentation erstellen. Aus der Erfahrung weisst du, dass du normalerweise etwa 10 Stunden Zeit investierst, um alles schön anzuordnen und mit Grafiken zu ergänzen (die du sogar noch selbst machst).

Plane das nächste Mal bewusst nur zwei Stunden (20 %) für eine solche Präsentation ein und mache sie, so gut du kannst, in dieser Zeit fertig. Verliere dich aber nicht im Perfektionismus!

Fokussiere dich auf das Wesentliche. Du wirst begeistert sein, wie schnell du zu einem guten Ergebnis kommst! Und der Empfänger kennt nur die eine Version. Er weiss nicht, wie sie ausgesehen hätte, wenn du zehn Stunden daran gesessen hättest. Er wird dir also keinen Vorwurf machen, solange der Inhalt passt.

Ein anderes, interessantes Feld besteht im Delegieren.

Stell dir vor, du hast deine Präsentation in diesen zwei Stunden fertig geschafft, möchtest aber aus irgendwelchen Gründen trotzdem die perfektionierte Variante. Damit du nicht weitere acht Stunden deiner wertvollen Zeit mit schönen Diagrammen «verschwendest», kannst du diese Arbeiten delegieren, also Grafiken aus bestehenden Datenreihen erstellen, sie schön einfärben und anschreiben, das Layout der Präsentation optimieren, die Texte verbessern etc. Das kann auch jemand übernehmen, der nicht so tief in der Materie steckt wie du. Und vielleicht macht er es sogar noch besser.

Das Problem bei diesem Vorgehen ist allerdings, dass keine Zeit «eingespart» wird. Das Ergebnis erfordert trotzdem zehn Stunden Arbeit, allerdings nur zwei von dir persönlich.

Für 100 %-Lösungen kannst du diesen Ansatz jedoch gut zu deinem Vorteil nutzen.

Die ideale Woche

Eine hervorragende Methode, um in weniger Zeit mehr zu erreichen ist, seine ideale Woche zu definieren.

Da nichts auf der Welt perfekt ist, wird auch deine Realität nicht perfekt sein. Aber du kannst darauf hinarbeiten.

Definiere vorab, was du an den einzelnen Wochentagen für regelmässige Termine und Aufgaben hast und was du wann erledigst.
Wann ist Familienzeit?
Wann gehst du zum Sport?
Wann ist deine «Fokus»-Zeit?
Wann werden Meetings angesetzt?

Strukturiere deine Woche so, wie sie für dich ideal ist. Ungeplantes kommt immer dazwischen, aber so hast du zumindest Leitplanken, an die du dich halten kannst.

Überarbeite und prüfe deine ideale Woche regelmässig, zum Beispiel jeden Monat.

Eine Vorlage und ein Beispiel findest du auf der Webseite deinwarum.com und im «Erfolgs-Planer», dem passenden Arbeitsbuch (siehe Seite 260).

Zeitplanung

Mit der idealen Woche hast du ein Hilfsmittel, um Entscheidungen mit Einfluss auf deine Zeit schnell zu treffen. Sie hilft dir, Gewohnheiten einfacher aufzubauen und dir Zeit für dich selbst freizuhalten.

Innerhalb der idealen Woche hast du natürlich verschiedenste Zeitfenster, die du unterschiedlich füllen kannst.

Die Aufgaben variieren und du kommst kaum um eine «rollende» Planung herum.

Daher ist es wichtig, eine mehrschichtige Planung zu erstellen, am besten gleich in deinem Kalender, egal ob auf Papier oder digital.

Termine, die mehrere Wochen in der Zukunft liegen, kannst du «entspannt» planen. Soweit sie in deine ideale Woche passen, definiere sie so, wie du es zu dem Zeitpunkt für geeignet erachtest.

Viel wichtiger ist es, den Fokus auf 14 Tage und 7 Tage zu legen. Dabei sollten auch private Termine wie Veranstaltungen der Kinder, Geburtstage oder andere Feste mitberücksichtigt werden.

Hier die wichtigsten Punkte, die du bei der Planung beachten solltest:

1. Reservezeit

    Plane täglich mehrere kleine Zeitblöcke als Reservezeit, falls etwas Unvorhergesehenes eintritt, beispielsweise eine Verzögerung bei der Fahrt zur Arbeit oder ein wirklich «brennendes» Problem, das kurzfristig auftritt.

2. Social-Time / Pausen

    Wenn du das Vorgehen bezüglich Arbeitseinteilung und Pausen befolgst, findest du auch die Zeit, um dich mit Kollegen über Gott und die Welt zu unterhalten. Vielleicht stimmst du diese Pause sogar an unterschiedlichen Tagen mit unterschiedlichen Kollegen ab, um interessante Gespräche in ungezwungener Atmosphäre führen zu können.

3. Überschreite die geplanten Zeitfenster nicht. Richte dich so ein, dass du nicht fertiggestellte Arbeit notfalls in einem nächsten Zeitfenster erledigen kannst.

    Du bringst sonst deine ganze Planung durcheinander und gibst die Effizienz auf.

Das ist wie bei der Bahn. Wenn ein Zug Verspätung hat, hat dies Auswirkungen auf viele andere Bereiche. Weitere, eigentlich unbeteiligte Bahnverbindungen verzögern sich, die Passagiere kommen zu spät zu ihrem Ziel. Genauso verhält es sich bei dir. Die folgenden Aufgaben verzögern sich ebenfalls bis «nach Betriebsschluss» oder gar darüber hinaus. Vermagst du die Verzögerung nicht mehr aufzuholen, beginnst du deine «Freizeit» dafür einzusetzen. Der Beginn eines Teufelskreises.

4. Definiere mindestens zwei Zeitfenster pro Routine-Aufgabe-Typ, beispielsweise E-Mails bearbeiten, Telefonanrufe tätigen etc. Damit schaffst du dir Ausweichmöglichkeiten.

5. Plane privat und geschäftlich täglich (bei Bedarf mehrmals) Zeit ein, deine «Posteingänge» zu leeren und die Aufgaben zu planen.

Machen wir ein konkretes Beispiel, wie die Planung aussehen kann.

Grobplanung

Es ist Freitagnachmittag. Wir machen die Grobplanung für die nächsten zwei Wochen.

Schau dir zuerst Woche zwei an. Das heisst die Tage 8–14 von der heutigen Betrachtung aus gesehen. Wahrscheinlich hast du schon einige Termine in dieser Woche eingetragen. Ausserdem hast du Aufgaben in der Aufgabenliste für diese Woche, welche noch nicht genauer definiert sind.

Nimm deine «ideale Woche» als Referenz. Definiere jetzt die Zeitfenster für Routineaufgaben wie E-Mails und Telefonate sowie Reservezeit und Pausen. Auch Projekt-Zeit solltest du bereits jetzt einplanen, auch wenn die konkreten Tätigkeiten, an denen du arbeiten wirst, noch nicht definiert sind. Blockiere dir also zwischen den bereits definierten Terminen die erwartete Zeit. Definiere auch gleich, wann du zum Beispiel Meetings vorbereiten und nachbereiten wirst.

So hast du nun immer weniger freie Zeit in deinem Kalender. Lass' aber einige Stellen offen für dringende Dinge, die in den nächsten Tagen auftauchen werden.

Wochenplanung

Nun gehen wir zur kommenden Woche, also die Tage 1–7 aus der aktuellen Betrachtung.

Diese Woche sollte schon ziemlich voll sein, aus der Planung der letzten Woche. Die Routine-Termine hast du bereits grob definiert.

Nun kommt der Feinschliff. Du weisst besser, welche Projekte und Tätigkeiten nächste Woche anstehen. Nimm die Aufgaben aus der Aufgabenliste und definiere zuerst die wichtigsten drei Wochen-Aufgaben konkret ein.

Entscheide, wann du was machen wirst und wie viel Zeit dafür benötigt wird. Wahrscheinlich ist deine gesamte Wochenansicht nun schon ziemlich ausgebucht. Das ist nicht schlimm, sondern sogar sehr gut. Allerdings nur, wenn du auch Pausen und Reservezeiten eingeplant hast.

So bist du zwar «ausgebucht» aber nicht «überlastet». Bei einer kurzen Frage eines Kollegen kannst du ihm stets ein paar Minuten in den entsprechenden Zeitfenstern anbieten.

Plane deinen nächsten Tag

Jeweils abends planst du die Details für den nächsten Tag und passt weitere Tage in der Woche an.

Du gehst also deine Tages-Aufgabenliste durch und spezifizierst sehr genau, was du machst. Beispielsweise hast du morgen 1.5 Stunden für ein Projekt geplant. Du skizzierst genau, was du machst und stellst sicher, dass es in 1.5 Stunden machbar ist. Du solltest den Blocker für das Projekt bereits erfasst haben. Jetzt geht es darum, den genauen Inhalt zu definieren. Was sind die Tätigkeiten, die du vornimmst? Wie sieht das Ergebnis nach 1.5 Stunden aus?

Du kannst einzelne Zeitblöcke nun aufgrund der «aktuellen Datenlage» anpassen. Sei jedoch auf der Hut, dass du dich nicht überschätzt. Sobald du mit der Planung für morgen zufrieden bist, gehe alles detailliert vor deinem geistigen Auge durch. Ist alles stimmig?

Plane den nächsten Tag detailliert, damit du am Morgen nicht nachdenken musst, was du wann zu tun hast. Du weisst es bereits. Definiere deine Zeitslots für E-Mails, Telefone, Mitarbeiter, Pausen etc. Plane jeweils mind. zwei von jedem Typ, um Ausweichmöglichkeiten zu schaffen.

Plane dein Privatleben wie die Geschäftstermine

Plane die Zeit ausserhalb deines Berufes genauso wie deine Arbeitszeit. Am besten verwendest du sogar denselben Kalender, damit du Termin-Kollisionen sofort erkennst.

Ist es schlimm, Zeit mit deinem Partner als Termin in den Kalender einzutragen? Kaum. Ihn wird das nicht stören. Hauptsache du hältst dein Versprechen und verbringst Zeit mit ihm.

Die häufigsten Fehler bei der Zeitplanung

1. Du vergisst die Zeit für Wege von und zu Meetings und kurze Unterhaltungen davor und danach.

2. Du vergisst Vorbereitungs- und Nachbereitungszeit bei Besprechungen. Das solltest du bei jedem Meeting einplanen.

3. Du baust dir keine Reservezeit ein, in der nichts geplant wird. Sie ist dein Puffer für Unvorhergesehenes.

4. Priorisiere richtig. Wenn es einmal «knapp» wird mit der Zeit und du trotz guter Planung Prioritäten bei den Tätigkeiten setzen musst, verwende folgende Faustregel.

    Priorität 1 bedeutet die höchste Priorität. Auf diese wird zuletzt zugunsten von anderen Dingen verzichtet.

    Deine Prioritätenliste könnte wie folgt aussehen:

1. Pausen, insbesondere Mittagessen
2. E-Mails und Telefon (mind. ein Zeitblock pro Tag)
3. Eigene Meetings
4. Fremde Meetings
5. Projektarbeit

Diese Priorisierung kannst du natürlich deinen speziellen Gegebenheiten anpassen. Die Überlegung dahinter ist folgende:

Ohne Pausen bist du nicht leistungsfähig und bringst bei den unteren Punkten keinen Mehrwert. Die wichtigsten E-Mails und Telefonate sollten erledigt werden, damit andere ihre Arbeit weitermachen können. Diese haben Priorität zwei, weil die wichtigsten Mails und Telefonate in der Regel innert wenigen Minuten erledigt werden können.

Mit eigenen Meetings meine ich Sitzungen, bei denen du den Vorsitz oder zumindest eine tragende Rolle hast und meist deine Mitarbeiter involviert sind. Ohne diese Absprachen kommst du mit deinen Zielen nicht so schnell voran wie geplant. Daher haben diese eine hohe Priorität. Fremde Meetings sind solche, zu denen du als Fachperson oder Mitentscheider eingeladen wurdest. Oft sind diese nicht so produktiv, wie sie sein sollten. Allerdings können andere Teams nicht weiterarbeiten, weil deine Einwirkung fehlt. Schliesslich wurdest du zur Besprechung eingeladen. Dann gehe ich davon aus, dass du eine mehr oder weniger zentrale Rolle spielst. Deine eigene Projektarbeit ist für dich bestimmt wichtiger als die Teilnahme bei Meetings. Hier gilt es abzuwägen, welches Projekt wie verzögert würde, wenn du die unteren Prioritäten gegeneinander austauschst.

Beispiel eines Tagesplans

Ein Tagesplan könnte wie folgt aussehen:

Zeit	Tätigkeit	Typ
05:30	Aufstehen, Wasser trinken, Bewegung / Sport.	Energie
06:15	Frühstücken / Smoothie zubereiten.	Energie
06:30	Duschen, Morgen-Toilette, anziehen.	Entspannung
07:00	Haus verlassen / Arbeitsweg. Produktive Arbeit, falls möglich (zum Beispiel geschäftliche Dinge lesen in den ÖV). Im Auto beispielsweise ein interessantes Hörbuch hören.	Weiterbildung / nicht delegierbare Routinetätigkeiten
08:10	Ankunft am Bürotisch, PC einsatzbereit.	
08:10	Überarbeitung Businessplan XY - Businessplan öffnen LINK. - Formale Prüfung des Inhaltes. Sind alle nötigen Abschnitte vorhanden? - Erarbeitung des Abschnittes «Finanzierung». - Dokument in neuer Version speichern und Auftraggeber über Erledigung informieren.	Projektarbeit
09:00	Anforderungskatalog für Projekt ACB: - Beginn mit der Erstellung des Anforderungskatalogs.	Projektarbeit

	- Verwendung des Templates Anforderungskatalog LINK. - Anforderungen aus Sicht Vertrieb formulieren und priorisieren. - Ablage im Projekt-Ordner LINK. - Zeitplanung für nächstes Projekt-Zeitfenster anpassen für Abschluss des Anforderungskatalogs.	
09:50	Pause bis 10:10. Draussen spazieren gehen.	Erholung
10:10	E-Mails einsehen. - Pendente E-Mails, die nicht mehr relevant sind oder anderweitig bearbeitet wurden, löschen. - Kurze Übersicht über die Mails (Betreff «scannen») und kategorisieren. - Wichtige E-Mails bearbeiten und beantworten. - Weniger wichtige E-Mails bearbeiten und beantworten.	E-Mails bearbeiten
10:30	Telefonate führen. Kunde XY anrufen bezüglich Rechnung 4848 LINK. Lieferant Z anrufen wegen Lieferrückstand. Lieferant A anrufen wegen besserer Konditionen.	Telefonate führen
10:50	Reservezeit bis 11:15.	Reservezeit
11:15	Report Quartalszahlen erstellen. Neue Präsentation auf Basis Template XX LINK. Quartalszahlen abrufen. Template mit neuen Zahlen aufbereiten. Neue Präsentation ablegen: LINK.	Routinearbeiten nicht delegierbar

12:00	Business-Lunch in Restaurant mit Mike.	Energie Meeting, nicht delegierbar
13:00	Yoga-Übungen / Entspannen im Park.	Energie
13:30	Nachbearbeitung Erkenntnisse aus Business-Lunch.	Meeting, nicht delegierbar
13:45	Reservezeit bis 14:00, Weg zum Meeting.	Reservezeit
14:00	Meeting bezüglich neuer Webseite. Inputs aus Vorbereitung LINK. Grundhaltung: Usability muss besser werden.	Meeting, delegierbar in Zukunft?
15:15	Nachbesprechung und Weg zurück zum Büro.	Meeting, delegierbar in Zukunft?
15:30	Nachbearbeitung Website-Meeting. Internes Meeting planen zur Verarbeitung der Erkenntnisse.	Meeting, delegierbar in Zukunft?
15:45	Telefonate führen. Buchhaltung anfragen wegen Beleg AD333. IT Support anrufen wegen Problem mit Adobe Reader.	Telefonate führen
16:15	E-Mails herunterladen. - Pendente E-Mails, die nicht mehr relevant sind oder anderweitig bearbeitet wurden, löschen. - Kurze Übersicht über die Mails (Betreff «scannen») und kategorisieren. - Wichtige E-Mails bearbeiten und beantworten.	E-Mails bearbeiten

	- Weniger wichtige E-Mails bearbeiten und beantworten.	
16:45	Vorbereitung für morgiges Meeting bez. Marketing-Kampagne: - Meetings-Vorbereitungs-Template LINK. - Ablage in privatem Ordner: LINK.	Meeting, nicht delegierbar
17:15	Detailplanung morgiger Tag.	Zeitplanung
17:40	After-Work Drink mit Michael.	Beziehungen
18:30	Rückfahrt nach Hause.	Energie
19:10	Abendessen.	Energie
20:00	Family-Time.	Family-Time
22:00	Zubettgehen, Abstimmung und Tagesrückblick, Partner-Zeit.	Fokus, Energie
22:30	Schlafenszeit.	Energie

Planst du jeden Tag so detailliert, wirst du sehr effizient. Wird jeder Tag wie geplant ablaufen? Garantiert nicht. Aber du kannst viel besser auf kurzfristige Änderungen reagieren und weisst genau, was du wie und wo verschieben musst, wenn etwas dazwischenkommt.

Richtig Priorisieren

Jeder Mensch priorisiert, vor allem unbewusst. Dein Gehirn entscheidet in Lichtgeschwindigkeit, wie wichtig ihm etwas erscheint und was mit der Information gemacht wird. Dies geschieht aufgrund bisheriger Erfahrungen und damit auch aufgrund deiner Gewohnheiten.

Für uns ist jedoch «aktives» Priorisieren wichtig, um Aufgabenlisten zu führen und somit den Überblick zu behalten.

Für die meisten Leute heisst priorisieren, Aufgaben ihrer Wichtigkeit entsprechend zu ordnen.

Die Wichtigkeit ist aber nur ein Teil des Ganzen. Wie du wahrscheinlich bereits an anderer Stelle gelernt hast, bestimmen hauptsächlich zwei Faktoren die Priorität:

- Die Wichtigkeit.
- Die Dringlichkeit.

Wichtig ist nicht unbedingt auch dringlich. Jede Aufgabe besteht aber aus beiden Komponenten.

Dringlichkeit und Wichtigkeit können sich sogar, je nach Situation, verändern.

Du hast dein schönes neues Auto am Strassenrand neben einer Schlammpfütze abgestellt, als plötzlich ein Lkw durch die Pfütze fährt und dein Auto komplett mit Schlamm bedeckt.

Du zeigst dem Fahrer des Lkw vielleicht noch den Mittelfinger oder schimpfst ihm nach, aber ändern kannst du es nicht mehr.

Nachdem du dich abgeregt hast, überlegst du dir, wann du das Auto waschen sollst.

Das erscheint dir nicht so wichtig, du hast andere Aufgaben, die dir wichtiger (= dringender) erscheinen. Es ist dir also wichtig, das Auto zu waschen. Es ist aber nicht sehr dringend, weil du keinen Nachteil hast, wenn es nicht sofort geschieht.

Im anderen Fall in derselben Situation hast du morgen ein wichtiges Meeting bei einem Kunden, zu dem du mit dem Auto hinfährst. Du entscheidest dich, das Auto sofort zu waschen, weil du mit einem so dreckigen Auto einen schlechten Eindruck machst. Das Auto zu waschen wird nun zu einer «wichtigen» und «dringenden» Aufgabe.

Das Eisenhower-Prinzip

Aus dieser Erkenntnis entstand das Eisenhower-Prinzip, welches wohl in allen Management- und Projektleiter-Kursen gelehrt wird.

W i c h t i g k e i t	**B-Aufgaben** Wichtig, aber nicht dringend.	**A-Aufgaben** Wichtig und Dringend.
	Papierkorb Weder wichtig noch dringend.	**C-Aufgaben** Dringend, aber nicht wichtig.
	Dringlichkeit	

Abbildung 7: Priorisierung nach Eisenhower

Der Ansatz ist simpel und hilfreich. Oben rechts stehen die A-Aufgaben. Sie sind wichtig und dringend. Es geht also um Dinge, die du sofort tun solltest.

B-Aufgaben sind wichtig, aber nicht sehr dringend. Diese sind deshalb gefährlich, weil sie gerne auf die lange Bank geschoben werden.

C-Aufgaben sind unten rechts, und damit dringend, aber nicht wichtig. Die Frage hier ist, wieso du etwas machen solltest, das nicht wichtig ist.

Für Dinge, die weder wichtig noch dringend sind (hier als «Papierkorb» definiert), solltest du dir vor der Verwendung dieser Methode überlegen, wie du damit umgehst und wie du dieses Feld nutzt.

Ich habe auch schon ein Eisenhower-Schema gesehen, in dem bei diesem Punkt «Gefälligkeiten» steht. Ein weiteres bezeichnete das Papierkorb-Feld mit «Mut zur Lücke».

Du kannst es auch «ignorieren» nennen, denn sind Aufgaben weder wichtig noch dringend, sind sie es nicht Wert, unsere Zeit zu vergeuden.

Daher würde ich zum Beispiel Gefälligkeiten in den B-Quadranten aufnehmen. Weil sie mir wichtig sind. Ist die Gefälligkeit nicht wichtig, wieso soll ich sie aufschreiben oder umsetzen?

Die Erfahrung lehrt Folgendes:

Du kannst sogar B-Aufgaben ignorieren, denn sobald sie dringlich werden, tauchen sie wie von Geisterhand wieder auf.

Dann reagierst du zwar, anstatt zu agieren. Aber in bestimmten Fällen ist das effizienter, als eine Aufgabe tagelang oder gar wochenlang als B-Aufgabe in der To-do-Liste mitzuziehen.

Übernimm diese Methode für die Priorisierung deiner Aufgaben und Termine. Du kannst sie in guten To-Do-Apps umsetzen. Es gibt gar eigens Eisenhower-Matrix-Apps.

Die «Rück-Delegation»

Falls du eine Anfrage zur Erledigung einer Aufgabe bekommst, diese aber relativ weit in der Zukunft liegt und schnell erledigt ist, kannst du versuchen, «zurückzudelegieren». Bitte den Auftraggeber einfach, dir einige Tage vor Fälligkeit nochmals eine Erinnerung zu senden. Du gibst somit die Verantwortung zurück und brauchst nichts auf deine To-do-Liste zu setzen, das deinen Fokus von anderen Aufgaben ablenkt.

Eat that Frog

Bist du im Management oder Projektgeschäft tätig, kennst du bestimmt den Bestseller von Brian Tracy: «Eat that Frog»[7]. In diesem Buch geht es darum, die «hässlichste Kröte» gleich zu Beginn zu schlucken.

Brian Tracy rät, die Aufgabe die du am wenigsten magst und dir ein flaues Gefühl im Magen produziert, so bald als möglich zu erledigen. Dann hast du deinen Kopf frei, um dich um diejenigen Dinge zu kümmern, die dir Spass machen.

Schiebst du diese ungeliebte Aufgabe dauernd vor dir her, blockiert sie dich mental und im Unterbewusstsein. Du kannst dich nicht richtig auf deine anderen Tätigkeiten konzentrieren, da diese unliebsame Aufgabe stets über dir schwebt.

---

[7] Eat that Frog. Brian Tracy. ISBN 978-3869369099.

Versuche deshalb, ungeliebte Dinge lieber früher als später zu erledigen.

Getting Things Done

Getting Things Done (kurz: GTD) ist eine Methode zur Aktivitätsplanung und Überwachung. Ausführlich beschrieben wird sie im gleichnamigen Buch von David Allen[8].

Diese Methode ist sehr mächtig und hervorragend geeignet, um auf persönliche Bedürfnisse adaptiert zu werden.

Speziell wenn du viele Aufgaben zu überwachen hast, kann sie dir helfen. Sie ist aber auch für den Alltag und private Projekte bestens geeignet. Zum Beispiel kannst du auch deine Supermarkt-Einkäufe damit organisieren oder Urlaube planen.

Ich passe die Methodik stets für mich an und entwickle sie weiter. Nachfolgend ein Beispiel, wie es funktionieren kann.

Erfasse alle Einfälle!

Erfasse alle wichtigen Gedanken, sodass du den Kopf frei hast, um dich auf die aktuelle Tätigkeit zu konzentrieren. Das geht am einfachsten, wenn du eine Idee oder etwas, woran du denken musst, direkt aufschreibst. Dann kann sich das Gehirn wieder auf die eigentliche Arbeit fokussieren und du hast keine Angst, es zu vergessen.

---

[8] Getting Things Done. David Allen. ISBN 978-0143126560.

Dazu gibt es optimalerweise einen zentralen Ort. Hier notierst du alle Gedanken, ohne sie weitergehend zu strukturieren (das folgt später).

Verwende dazu ein Medium, das du immer dabei hast. Ein einfaches Smartphone App funktioniert, aber oft ist ein kleines Notizbuch besser geeignet. Dies wird einer deiner «Eingangsorte».

Sortieren

Du nimmst dir mehrmals pro Tag Zeit, um die notierten Aufgaben/Einfälle und anderen Eingangsorte zu verarbeiten.

Beispielsweise planst du nach jedem Fokus-Zeit-Block 10 Minuten dafür ein.

Eingangsorte sind alle Orte, an denen Informationen an dich treten: E-Mail-Postfach, physisches Postfach, Telefonate, Nachrichten etc.

Versuche, die Anzahl der Informations-Eingangsorte so gering wie möglich zu halten, sonst verlierst du die Übersicht!

Plan or Do

1. Du gehst die Liste durch und legst die notierten Aufgaben ab.

2. Alles, was weniger als 3 Minuten dauert, machst du sofort. Respektive im nächsten geplanten «Kleinaufgaben» – Terminblock.

3. Dinge die du nicht auf einmal erledigen kannst, werden zu Projekten und in mehrere Aufgaben aufgeteilt.

4. Bei Dingen, die du abschätzen kannst, planst du diese direkt an einem bestimmten Datum und zu einer bestimmten Zeit ein.

5. Dinge, bei denen du mehr oder weniger flexibel bist in der Umsetzung, weist du einer Woche oder einem Monat zu. Wenn du die entsprechende Wochen- oder Monatsplanung vornimmst, nimmst du die Aufgabe wieder auf und planst sie konkret ein.

Hinweis: Verwende diese Methode nicht, um Dinge auf die lange Bank zu schieben. Lösche sie dann lieber gleich ganz. Wird etwas wichtig, «poppt» es wieder auf!

Hier ein Beispiel, wie dieser Ansatz funktionieren kann:

Es ist Januar und du musst (und kannst erst) in drei Monaten ein Dokument einreichen, das schon fertig ist. Damit du das nicht vergisst, setzt du diesen Task auf den Monat «April». Wenn du zur Grobplanung für den April kommst, kannst du genauer definieren, wann du das Dokument konkret einreichen willst. Aktuell hast du noch keine Übersicht über die Arbeitssituation im April. Aber so vergisst du es nicht.

Praxis-Tipp

Wenn dein Task-Planer keine Möglichkeit hat, eine Aufgabe einem Monat zuzuweisen und nur spezifische Daten definiert werden können, setze einfach alle auf den jeweils ersten Tag des Monats. Bei der Monatsplanung verschiebst du diese Aufgaben auf die einzelnen Wochen. Du kannst dasselbe auch mit den Wochen umsetzen. Grob geplante Aufgaben kannst du auf den Montag terminieren und wöchentlich bei der Detailplanung auf den konkreten Tag und die gewünschte Zeit verschieben.

Kategorisieren

Definiere, was du mit den einzelnen Aufgaben machen musst. Kategorisiere sie. Das ist je nach Tool und Komplexität auch mehrdimensional möglich. Du kannst zum Beispiel folgende Attribute definieren:

- Zugehöriges Projekt
- Zugehöriger Kunde
- Ziel-Termin
- Geplanter Zeitaufwand
- Was du dazu brauchst (Notebook, Internet, Telefon, persönliches Treffen, …)
- Wo du es umsetzen kannst (Büro, egal, in der Bahn, im Auto, …)
- Warten auf …

Wichtig ist, dass du es nicht zu kompliziert gestaltest. Sonst bist du länger am Definieren als an der eigentlichen Lösung der Aufgabe. Setze nur so wenig Kategorien oder Kontexte ein wie nötig.

Bei sehr vielen gleichzeitigen Aufgaben kann diese Methode sehr hilfreich sein, denn mit dem richtigen Tool bist du in der Lage, deine To-do's hervorragend nach diesen Kategorien zu filtern.

Beispiel 1:

Du planst einen Kundenbesuch in ein paar Tagen. Du filterst nach dem Kunden und siehst sofort, was es alles zu besprechen gilt. So kannst du dich effizient vorbereiten und das richtige Zeitfenster einplanen.

Beispiel 2:

Ein Meeting ist ausgefallen und du hast gerade 15 min Zeit in einer ruhigen Umgebung: Das ist perfekt, um Telefonate zu erledigen.

Filtere nach «anrufen» und du kannst sofort loslegen.

Inbox Reset

Nach jedem Durcharbeiten der Eingangsorte müssen diese LEER sein. Lass nicht zu, dass irgendwelche Dokumente, Mails oder To-do's in einer «Inbox» bleiben. Entscheide, was damit passiert!

Aufgaben prüfen

Überprüfe deine kurzfristigen Aufgaben und Termine täglich.

Setze dich einmal die Woche (am besten Sonntagabend) hin und führe einen Rückblick der vergangenen Woche durch.

- Wie weit bin ich bei meinen Zielen vorwärtsgekommen?
- Gibt es noch offene Aufgaben oder unerledigte Dinge in einer Inbox?

Erstelle anschliessend die Wochenplanung für die kommende Woche. Definiere die drei wichtigsten Tätigkeiten, welche dich deinem Ziel näherbringen, und plane sie mit höchster Priorität ein.

Die Idee der 43 Fächer

Die Idee der 43 Fächer oder Mappen (aus GDT) besteht darin, Aufgaben rollend zu planen. Es gibt für jeden Wochentag eines Monats ein Fach (31) und des Weiteren eines für jeden Monat des Jahres (12).

Die Idee ist, dass man Aufgaben zum entsprechenden Tag oder Monat ablegt. Am Ende des Monats nimmt man die Mappe des nächsten Monats und verteilt die Aufgaben auf die Tage (d. h. in die nun leeren Tages-Mappen).

Diese «Fächer» können natürlich auch digital sein. Zum Beispiel in Form von Kategorien oder «Tags».

Die physische Version macht für mich nicht in jedem Fall Sinn.

Ich persönlich tendiere dazu, speziell auch gedruckte Dinge thematisch zu ordnen und dann eine Aufgabe dazu zu erstellen.

Daher verwende und empfehle ich ein etwas abgeändertes Konzept, welches von der Idee her ähnlich ist:

Es werden sieben Fächer für die Tage einer Woche verwendet, fünf für die Wochen eines Monats und eines für den Monat.

So hast du kleinere Zeit-Einheiten, die du besser überblicken kannst.

Je nach Arbeitsumfeld kann es interessant sein, für jeden Monat eines Jahres ein zusätzliches «Fach» anzulegen. Unter Umständen sogar ein Jahres-Fach.

Beispiele:

Du musst einen Projektbericht zusammenstellen. Das dauert ca. 1.5 Stunden und muss nächste Woche erledigt sein. Du hast nun folgende Möglichkeiten:

1. Du planst gleich einen Zeitblock nächste Woche im Kalender ein und setzt die Aufgabe auf «erledigt» oder «in Kalender übertragen». Nun brauchst du die Aufgabe nicht mehr in der To-do-Liste anzuschauen.

2. Du legst die Aufgabe in das «nächste Woche»-Fach und definierst bei der Wochenvorbereitung, wann du den Bericht schreiben wirst.

Du musst für dich herausfinden, was besser funktioniert.

Für mich persönlich ist eine Aufgabe von eineinhalb Stunden üblicherweise eine der «wichtigsten drei» Tagesaufgaben. Die Erfahrung zeigt auch, dass man die Wochen gerne nach und nach mit Meetings oder anderen Terminen füllt, wenn noch Platz ist im Kalender.

Daher die Empfehlung:

Muss der Bericht nächste Woche fertig sein, gleich fix im Kalender definieren oder als eine der «wichtigsten Drei» in einem geplanten Blocker einplanen.

Anders sieht es aus, wenn er erst am Ende des nächsten Monats fertig sein muss. Dann ist es durchaus möglich, die Aufgabe in das «nächster Monat»-Fach zu legen und die Umsetzung später konkret zu definieren.

Es ist also eine Frage der (Zeit-)Perspektive, des persönlichen Umfeldes und deines Arbeitsverhaltens, wie die Methodik umgesetzt wird. Da solltest du ein bisschen ausprobieren, um deinen persönlichen Weg zu finden.

Das generelle Problem bei diesem Ansatz ist jedoch, dass man dazu neigt, einzelne Aufgaben immer und immer wieder in das nächste Fach zu verschieben.

Das sind Dinge, die man irgendwann einmal «machen sollte», aber es fehlen die Motivation oder andere Abhängigkeiten, die nie erfüllt werden.

Solche Aufgaben können über Monate immer mitwandern, werden oft angeschaut, aber nie umgesetzt.

In GTD gibt es dafür einen Ablageort genannt «Irgendwann / Vielleicht».

Für mich persönlich funktioniert das nicht und ich glaube, viele andere werden dieselben Schwierigkeiten damit haben.

Daher empfehle ich folgendes Vorgehen, um diesem Problem entgegenzuwirken:

- Ein Ablageort ohne Termin ist in Ordnung, er sollte aber zum Beispiel «Ideensammlung» heissen und nichts enthalten, was in irgendeiner Form eine zeitliche Abhängigkeit hat.
- Gewöhne dir an, alle Aufgaben, die mehr als dreimal verschoben wurden (egal aus welchen Fächern oder in welche Fächer), zu löschen!

Der Hintergedanke (und meine praktische Erfahrung) dabei ist:

Ist etwas nicht wirklich wichtig und dringend, taucht das Thema automatisch wieder auf, sobald es wichtig und dringend wird.

Ist die Aufgabe abhängig von einem Projekt oder Kunden, informiere die entsprechenden Personen, dass du die Aufgabe aufgrund der Verschiebungen nicht mehr im Blick hast. Bitte sie, sich zu melden, sobald man daran weiterarbeiten kann. Du gibst somit die Verantwortung ab und machst deine Gedanken frei für aktuelle Themen.

Ein weiteres Problem ist die Anzahl der Informations-Eingänge.

Wenn du zu viele verschiedene Orte regelmässig durchsehen musst, um die Aufgaben zu verarbeiten, brauchst du sehr viel Zeit. Schon dieser Aufwand ist zeitraubend.

Streiche also möglichst viele Eingangsfächer und reduziere sie auf das absolute Minimum. Folgendes ist optimal und für die meisten auch praktikabel:

- Definiere zu Hause und geschäftlich eine Inbox für physische Informationen (Briefe, Zeitschriften etc.), die du zu definierten Zeitpunkten leerst, wobei du die Inhalte korrekt ablegst oder entsorgst.

- Wenn du mehrere E-Mail-Konten einsetzt, führe diese zusammen. Es ist sinnvoll, die privaten und geschäftlichen Mails zu trennen (je nach persönlicher Situation). Du solltest aber nicht an mehr als zwei Orten E-Mails abrufen müssen.

- Verhindere es, dich dauernd in irgendwelche Social-Media Portale oder Foren einloggen zu müssen. Konfiguriere die Benachrichtigung bei diesen Diensten so, dass du eine E-Mail bekommst, sobald du eine Nachricht erhalten hast oder eine andere wichtige Aktivität erfolgt ist.

- Deaktiviere sämtliche Newsletter. Es gibt Online-Dienste, bei denen du die Informationsquellen selbst zusammenstellen und bei Bedarf abrufen kannst. Mehr dazu unter deinwarum.com.

- Verwende nach Möglichkeit nur einen Kalender (für Privates und das Geschäft). Falls es schwierig ist, dies digital zu bewerkstelligen, halte sie manuell synchron!

- Verwalte alle deine Aufgaben an einem zentralen Ort. Wenn du getrennte To-do-Listen für Geschäftliches und Privates einsetzen möchtest, lege dir ein System zurecht, damit du beim «Übergang» vom einen zum anderen nichts vergisst.

Besser und einfacher wäre es, nur eine Liste zu führen. Ist sie digital, kannst du sehr gut mit Filtern arbeiten, um eine Trennung hinzubekommen.

Physische Ablage

Die physische Ablage kannst du dir nach Bedarf einrichten. Zum Beispiel definierst du einfach einen bestimmten Ort, an dem du Schriftstücke sammelst. Oder du verwendest spezielle Ablagefächer aus dem Bürobedarf.

Digitale Ablage

Wichtigere Dokumente, die aber nicht zwingend auf Papier erhalten werden müssen, solltest du digitalisieren und ablegen.

Der Vorteil ist, dass sie weniger Platz benötigen und durchsuchbar gemacht werden können. Erstellst du beispielsweise ein PDF aus einem Dokument und lässt die Texterkennung (OCR) darüber laufen, kannst du anschliessend die Dateien nach dem enthaltenen Text durchsuchen.

So kannst du später nach einem Datum, der Rechnungsnummer, einem Betrag, oder des Firmennamens suchen.

Wird die Datei vom Betriebssystem «indiziert» (in die interne Suchdatenbank übernommen), findest du sie sofort, wenn du im Suchfenster einen Begriff eingibst, der im Dokument vorkommt.

Kalender synchronisieren

Falls du mehrere manuelle und digitale Kalender im Blick behalten musst, kann das unübersichtlich werden. Die Gefahr ist gross, Termine zu übersehen.

Der Optimalfall ist, einen Kalender für alle deine Aktivitäten zu haben. Im beruflichen Umfeld ist dies jedoch nicht immer möglich.

Meist lässt sich aber der private Kalender auch im Geschäft öffnen. Vielleicht ist es sogar möglich, den externen Kalender im Geschäft zumindest visuell einzubinden. Dann kannst du zumindest beide Kalender parallel öffnen.

Prüfe im Notfall einfach die privaten Termine kurz auf dem Smartphone, bevor eine geschäftliche Verpflichtung in einer Randzeit gebucht wird.

Zusammenfassung

Getting Things Done (oder eine Abwandlung davon) kann deine Produktivität enorm steigern und dabei helfen, nichts zu vergessen.

Ob du dir ein System auf Papier kreierst oder den digitalen Weg bevorzugst, ist nicht wichtig. Es ist sogar eine Kombination von beidem hervorragend geeignet.

Wie bei allen solchen Methoden, musst du den für dich praktikablen Weg finden. Es gibt kein Richtig oder Falsch.

Der Erfolgs-Planer

Parallel zu diesem Buch ist der «Erfolgs-Planer» entstanden, ein (Notiz-)Buch, welches dir hilft, folgende Fragestellungen zu beantworten:

- Welche Gewohnheiten will ich ändern und bin ich auf einem guten Weg?
- Wie sieht meine «ideale Woche» aus?
- Welche wichtigen Termine liegen an?
- Was muss ich in den nächsten 30 Tagen erledigen, um meinen Zielen näherzukommen?
- Was muss ich in den nächsten 7 Tagen erledigen, um meinen Zielen näherzukommen?
- War ich heute (diese Woche, diesen Monat) erfolgreich und konnte ich meine Ziele umsetzen?
- Woran erfreue ich mich, was macht mich glücklich (oder auch nicht) und worauf bin ich stolz?

Es ist der perfekte Begleiter, um effizient deine Ziele zu verfolgen.

Du kannst diese Dinge natürlich auch digital verwalten oder ein normales Notizbuch verwenden. Falls dir ein fertiges Hilfsmittel gelegen kommt, schau' dir den Erfolgs-Planer doch im Detail an.

Weitere Infos findest du unter deinwarum.com.

Schritt 8:
Kreiere dein Erfolgs-System

Um erfolgreich deine Ziele zu erreichen und die Vision umzusetzen, benötigst du dein persönliches Erfolgs-System.

Nun hast du unglaublich viele (hoffentlich auch neue) Ideen erhalten, wie du deinem Traumleben einen Schritt näher kommst.

In Teil 3 und 4 hast du deine Vision und deine Ziele für die nächsten Jahre deines «neuen» Lebens entworfen.

Im weiteren Verlauf hast du dir viel Wissen angeeignet, wie du alte und negative Gedankenmuster durchbrichst und wie du effizient deine Pläne verfolgen kannst.

Damit es nicht bei Vision und Ziel bleibt, sondern diese Wirklichkeit werden, hast du keine andere Wahl, als in Aktion zu treten.

Du musst dein Leben ändern, sonst ändert sich dein Leben nicht.

Baue dir nun mit diesem Wissen dein eigenes, persönliches Erfolgs-System auf.

Erfolgreich wirst du, indem du den ersten Schritt wagst und immer weiter gehst. Du beginnst, immer schneller und schneller zu laufen. So wie Tom Hanks im Film «Forrest Gump».

Deine nächsten Schritte

Hier die wichtigsten Punkte, mit denen du starten kannst, vorausgesetzt, du hast die Übungen zur Vision und Zielsetzung durchgeführt.

1. Erstelle ein Vision-Book oder Vision-Board und visualisiere deine «Marker», falls du das noch nicht gemacht hast.

2. Definiere eine grössere und eine kleinere Gewohnheitsänderung, die du in den nächsten 30 Tagen angehen willst. Prüfe die Einhaltung auf Papier oder mit einer App. Jeden Tag!

3. Definiere zu den 3-Jahres- und 12-Monats-Zielen, die du bereits festgelegt hast, nun die Ziele für die nächsten 7 Tage sowie den kommenden Monat. Diese müssen ein Teilziel des 12-Monats-Zieles sein. Prüfe täglich und wöchentlich die Erreichung.

4. Tue mehr Dinge, die dich deinem Ziel näherbringen, und weniger Dinge, die dich davon abbringen.

5. Kreiere ein für dich praktikables System, um deine Aufgaben und Termine optimal zu organisieren und deine Zeit bestmöglich einzusetzen.

6. Definiere deine «ideale Woche» und halte dich daran, so gut es geht.

7. Erstelle jeden Tag einen Tagebucheintrag/Rückblick und verarbeite die Aufgaben und Termine des Tages. Sind Pendenzen für morgen (oder später) offen? Wann erledigst du diese?

8. Erstelle jede Woche und jeden Monat einen Rückblick. Halte fest, was gut funktioniert hat und was nicht. Prüfe, ob du noch auf Kurs bezüglich deiner Zielerreichung bist und nimm gegebenenfalls eine Kurskorrektur vor.

9. Beschäftige dich jede Woche mit Persönlichkeitsentwicklung oder Gesundheit und eigne dir neues Wissen an.

10. Prüfe und revidiere regelmässig deine Vorstellung des perfekten Lebens sowie deiner Werte.

11. Feiere erreichte Ziele. Du hast es verdient!

Herzlichen Glückwunsch!

Du hast den ersten Schritt gemacht. Vergiss nicht, immer weiterzugehen!

Du kennst nun die wichtigsten Methoden und Systeme, um deinem Leben einen Stoss in die richtige Richtung zu geben.

Nutze sie und bilde dich weiter. Du findest zu jedem einzelnen Abschnitt in diesem Buch unendlich viel Wissen in weiteren Büchern oder im Internet. Finde heraus, was für dich funktioniert und perfektioniere es.

Vielleicht schreibst du auch schon bald dein eigenes Buch über deine Erkenntnisse?

Auf jeden Fall freue ich mich über Rückmeldungen zu diesem Buch und den erwähnten Ansätzen. Wo stehst du an? Was funktioniert?

Du findest sämtliche Kontaktdaten, sowie Links zu Gruppen und Social-Media-Kanälen unter: www.deinwarum.com

Viel Erfolg und Spass an deinem neuen Leben!

Dein Christian